JONAS KOZINOWSKI

FUSSBALL

Alles zu WM, EM, Spielern,
Rekorden & Co

KOSMOS

Es braucht nur einen Ball ...

Kennst du das? Da kommst du vom Bolzplatz oder dem Training heim, dreckig und verschwitzt, und Mama oder Papa fragen: »Na, war's schön?« Natürlich! Wie kann ein Fußballspiel nicht schön sein? Okay, es gibt mal Streit ums letzte Tor, aber cool ist es fast immer. Der Fußball bringt alle zusammen. Jeder darf mitmachen! Es braucht nur einen Ball – und ab geht's!

Mit diesem Buch wollen wir, der Kosmos-Verlag und der kicker, dir den Fußball noch näherbringen, der uns jeden Tag begeistert. Hier erfährst du Spannendes, Überraschendes und Wichtiges über das tollste Spiel der Welt. Mit den Insider-Infos aus dem Fan-Wissen wirst du zur Expertin oder zum Experten und kannst deine Freundinnen und Freunde beim Fachsimpeln verblüffen. Wusstest du etwa, dass die Fans von Eintracht Frankfurt mal 100.000 Euro für eine Stadion-Choreografie ausgegeben haben? Oder dass in Mittelamerika früher mit einem Kautschukball gekickt wurde? Dass Frauenfußball verboten war? Unfassbar, aber wahr. Hier erfährst du noch viel mehr.

Viel Freude mit dem Buch und bei jedem weiteren Match!

Bernd Salamon,
kicker-Redakteur

Kinder kicken

Hier findest du Spannendes, Verrücktes und Informatives für echte Fußball-Checker, z. B. wie du zum Einlaufkind wirst, wo sich die größte Fußballschule der Welt befindet, welches Land berühmt für seinen Straßenfußball ist und wie du von einem Scout für Profi-Fußball entdeckt werden kannst.

1:

Hier entsteht die Atmosphäre eines Spiels: auf der Tribüne.

DIE FANS

»Wir sind der 12. Mann!«

Fußball ist ein toller Sport. Und so einfach. Elf spielen gegen elf, es gibt zwei Tore und einen Ball. Richtig emotional und atemberaubend werden Fußballspiele aber erst durch den *12. Mann*. Er steht nicht auf dem Platz, trägt aber trotzdem meist ein Trikot. Er kann nicht eingewechselt werden – und hat dennoch großen Einfluss auf das Spiel. Er schießt keine Tore – und gewinnt doch Meisterschaften. Als »12. Mann« bezeichnen viele Vereine ihre Fans. Mit Liedern und Sprechchören feuern diese ihr Team an. So spielt die Mannschaft nicht nur mit elf, sondern mit 12 Spielern. Der 12. Mann ist nicht auf dem Feld, aber dennoch Teil des Teams.

Die Fans von Eintracht Frankfurt tragen sogar T-Shirts mit der Rückennummer 12.

ERLEBNIS STADION:

IN DER KURVE STEHEN

Samstag, 15:30 Uhr. Die beste Zeit der Woche für Fußballfans. Denn dann werden die meisten Spiele der Bundesliga angepfiffen. Spätestens jetzt solltest du auf deinem Platz auf der Tribüne sein.

Große Fahnen streifen über dein Gesicht, in der Schlange vorm Getränkestand rempelt dich jemand an, auf dem Platz hinter dir sitzt ein Schreihals, und als der Ausgleich geschossen wurde, hast du ausgerechnet gerade nicht hingeschaut. Ein Fußballspiel im Stadion anzuschauen, ist sicher nicht so komfortabel wie auf dem Sofa vor dem Fernseher.

An Spieltagen hat ein Stadion eine magnetische Wirkung. Aus allen Himmelsrichtungen zieht es die Fans an.

Zu Hause sitzt du bequemer, du musst dich nirgendwo anstellen, um eine erfrischende Limo zu bekommen, und jede spannende Szene kannst du dir noch ein paar Mal in Zeitlupe anschauen. Und trotzdem: Ein Fußballspiel im Stadion zu verfolgen, ist ein ganz besonderes Erlebnis.

Es beginnt schon auf dem Weg, wenn du mit deiner Familie und deinen Freunden das Haus verlässt. Wahrscheinlich begegnet ihr schon an der Haltestelle den ersten anderen Menschen, die auch Trikots deiner Lieblingsmannschaft tragen und schon unterwegs anfangen, Fußballlieder zu singen. An der richtigen Station ausgestiegen, könnt ihr schon das Stadion von Weitem sehen. Spätestens jetzt steigt der Puls und die Aufregung wird größer. Von allen Seiten strömen die Fans den Eingängen entgegen. Sie sind auch mit der Bahn gekommen, mit wehenden Fahnen durch die Stadt geradelt oder haben auf einem der großen Parkplätze ihr Auto abgestellt.

EINLASSKONTROLLE

An den Eingängen zum Stadion warten viele Ordner auf die Zuschauer. Sie überprüfen die Tickets und tasten alle Fans ab. Niemand soll gefährliche Gegenstände wie Taschenmesser oder Pyrotechnik mit hineinnehmen. Nach dem Check geht es durch ein Drehkreuz ins Innere des Stadions.

VOR DEM SPIEL

Es ist gar nicht so leicht, sich zu orientieren. Überall laufen Menschen herum, es gibt unzählige Treppenaufgänge und verschiedene Bezeichnungen für die Tribünen. Wer eine Stehplatzkarte hat, braucht nur seinen Block (also den Tribünenabschnitt) zu finden. Mit einer Sitzplatzkarte ist genau festgelegt, von wo aus du das Spiel verfolgen wirst. Du musst deinen Block, die Sitzreihe und den Sitzplatz suchen. Aber hast du dich einmal mit den Schildern und Hinweistafeln im Stadion vertraut gemacht, geht das ganz einfach. Auf dem Weg zu deinem Platz kannst du schon die Fans hören, die sich bereits vor dem Anpfiff warm singen. Aus den Lautsprechern dröhnt das Unterhaltungsprogramm des Vereins und vom Grillstand weht der Geruch von Bratwurst herüber.

Vor dem Spiel wärmen sich die Spieler auf. Eine gute Gelegenheit, um dir deine Stars noch mal ganz in Ruhe anzuschauen.

Noch einen letzten Treppenaufgang zur Tribüne und dann kannst du ihn das erste Mal sehen: den Rasen, auf dem gleich gerannt, gegrätscht und geschossen wird. Eine halbe Stunde vor dem Anpfiff laufen sich die Spieler intensiv warm, dehnen sich und machen Schussübungen. Wenn du genau hinschaust, kannst du schon die Aufstellung erkennen: Meistens tragen sie alle ein buntes Leibchen oder spielen sich in einer eigenen kleinen Gruppe ein.

Jetzt dauert es nicht mehr lange und die wahrscheinlich aufregendsten anderthalb Stunden der Woche beginnen: Anpfiff zu 90 Minuten Emotionen auf und neben dem Platz.

In großen Stadien wie z. B. der »Arena AufSchalke« gibt es verschiedene Ränge, Aufgänge und Blöcke. Die Buchstaben und Zahlen auf deinem Ticket zeigen dir an, wo sich dein Platz befindet.

FANWISSEN

Die meisten Tribünen sind in Sitz- und Stehplätze unterteilt. Auf den Sitzplätzen nehmen häufig Familien Platz. Hier lässt sich das Spiel in Ruhe verfolgen. Auf den Stehplätzen in der Fankurve geht es deutlich ruppiger zu. Hier feiern und feuern die lautesten und verrücktesten Fans ihre Mannschaft an. Manche Fankurven sind legendär, wie etwa die Westkurve bei Eintracht Frankfurt, die Südtribünen in Köln und in Dortmund oder die Nordkurven beim HSV und bei Schalke 04.

WIE AUS VIELEN EINS WIRD:

DIE FAN-CHOREOS

In vielen Stadien sind sie der Hingucker, bevor das Spiel überhaupt angefangen hat: die Choreografien der Fans auf den Tribünen. Viele tausend Menschen bilden dabei gemeinsam ein großes, farbenfrohes Bild.

Gerade erst hast du deinen Sitzplatz im Stadion eingenommen. Die große Uhr auf dem Videowürfel zeigt an, dass es noch zehn Minuten dauert, bis das Spiel angepfiffen wird. Genügend Zeit also, um noch einen großen Schluck aus deiner Limo zu trinken und dir die anderen Besucher im Stadion etwas genauer anzugucken. Viele tausend Menschen, die alle ganz unterschiedlich aussehen: Freunde, die zusammen zum Spiel gekommen sind, Großeltern, die ihre Enkel dabeihaben, und Jugendliche, die sich hier zu jedem Heimspiel treffen. Sie alle tragen unterschiedliche Kleidung – manche sind im T-Shirt da, viele in Trikots deines Lieblingsvereins.

Eine große Masse aus vielen kunterbunten Punkten. Und dann passiert das Überraschende: Wie auf ein geheimes Zeichen hin verwandelt sich das bunte Durcheinander auf den Stadiontribünen in ein riesiges Kunstwerk. Die Fans halten große Pappschilder in die Höhe, ziehen sich alle einheitliche Jacken über oder halten gemeinsam riesige Fahnen über den Kopf. Zum Glück sitzt du genau auf der gegenüberliegenden Tribüne. Denn so hast du den besten Blick auf das ganz besondere Bild, das viele ganz spezielle Künstler im Stadion gestaltet haben.

Der Aufwand der Stuttgarter Fans beim Derby gegen den Karlsruher SC am 24.11.2019 hat sich gelohnt: Der VfB gewann 3:0 und stieg am Ende der Saison wieder in die Bundesliga auf.

DIE FANS FEIERN (SICH SELBST)

Eigentlich sollen die Choreografien im Stadion dazu beitragen, die eigene Mannschaft anzufeuern. Die Spieler sollen beeindruckt sein und sich auf dem Rasen genauso viel Mühe geben wie ihre Fans auf den Rängen. Aber viele Anhänger feiern sich mit diesen ausgefallenen Aktionen auch selbst. Sie wollen zeigen, wie kreativ und kunstvoll ihre Ideen sind. Sie haben Spaß daran, auch den gegnerischen Fans zu beweisen, dass sie sich für ihren Verein ganz besonders einsetzen.

TAGELANGE VORBEREITUNG

Die Vorbereitungen für solche Choreografien dauern oft wochenlang. In Gruppen tauschen sich die Fans aus, welche Ideen es für die nächste Aktion im Stadion gibt. Sie besorgen Material, bedrucken T-Shirts, bemalen Fahnen, kleben und nähen riesige Banner zusammen und machen sich Gedanken über den Ablauf. Am Spieltag selbst sind sie schon viele Stunden vor dem Anpfiff im Stadion, um das Material auf den Tribünenplätzen zu verteilen und ihre Aktion zu organisieren. Solche aufwendigen Choreografien kosten nicht nur Zeit, sondern auch sehr viel Geld – oft kommen mehrere tausend Euro zusammen, die allein durch private Spenden der Fans aufgebracht werden.

Spiele vor leeren Rängen: Während der Corona-Krise durften nur wenige oder gar keine Zuschauer ins Stadion. Es gab kein Anfeuern, keine Jubelgesänge und kein Fahnenmeer – man nennt das »Geisterspiele«.

AUF »LOS« GEHT'S LOS

Damit eine Choreografie die gewünschte Wirkung erzielt, müssen alle Fans wissen, was zu tun ist. Es sähe schlecht aus, wenn mitten im großen Bild ein Loch klaffte – nur weil einige nicht mitbekommen haben, dass sie die Schilder in die Luft halten sollen. Deshalb verteilen die Fanorganisationen häufig Textblätter oder hängen sie im Stadion auf. Darauf ist genau beschrieben, wann die Stadionbesucher die ausgeteilten Schilder hochhalten, die großen Fahnen gemeinsam schwenken oder zusammen einen bestimmten Anfeuerungsruf schreien sollen.

REKORD!

100.000 Euro kostete die Choreografie, die die Fans von Eintracht Frankfurt 2019 im Europa-League-Heimspiel gegen FC Chelsea im Stadion präsentierten.

KINDER IN DIE KURVE:
DIE KIDS-CLUBS

Viele Fußballvereine haben in den letzten Jahren sogenannte Kids-Clubs gegründet. So haben Kinder die Möglichkeit, gemeinsam ins Stadion zu gehen. Und manchmal kommen sie dabei ihren Stars auch besonders nah.

Ein Fußballverein kann viel mehr sein als einfach nur der Club, für den du am Wochenende in der Bundesliga mitfieberst. Gerade für junge Fans bieten viele Vereine ganz besondere Möglichkeiten. Wenn du im Kids-Club deines Lieblingsvereins angemeldet bist, kannst du an vielen Aktionen und Veranstaltungen teilnehmen: Gemeinsam geht ihr ins Stadion zu den Spielen. Ihr trefft euch unter der Woche, um gemeinsam zu kicken oder eine Stadionführung mitzumachen. Und manchmal gibt es auch ganz andere Aktionen wie z. B. einen Museumsbesuch.

DEN STARS GANZ NAH

Viele Veranstaltungen und Treffen der Kids-Clubs finden im Stadion statt, z. B. im VIP-Bereich, auf der Tribüne oder im Pressekonferenz-Raum. Da kann es schon einmal passieren, dass einem ein Spieler über den Weg läuft. Denn auch zwischen den Spielen halten sich Fußballprofis häufig im Stadion auf. Dort befinden sich manchmal die Krafträume, dort haben sie Mannschaftsbesprechungen und hin und wieder isst die Mannschaft sogar gemeinsam im Stadion zu Mittag. Wenn zufällig gleichzeitig eine Veranstaltung des Kids-Clubs stattfindet, schauen viele Spieler gerne dort vorbei, um den Kindern Hallo zu sagen. Manchmal gibt es sogar organisierte Treffen, bei denen die Fußballer dann Rede und Antwort stehen.

Ganz links: Der Kids-Club des 1. FC Köln schwenkt vor dem Spiel die Fahnen.

Unten: Beste Sicht auf ein Bundesligaspiel von Hertha BSC

Häufig noch aufregender als das Spiel selbst: Einlaufkinder dürfen die Spieler auf das Feld begleiten. Bei Spielen der Nationalmannschaft stehen die Kinder auch während der Nationalhymne auf dem Feld und können mitsingen.

AUF DEN PLATZ

Auch deine Ferien kannst du mit manchen Kids-Clubs verbringen. Bei speziellen Sommerprogrammen kommst du jeden Tag ins Stadion. Oder es geht direkt in ein Fußballcamp: Bei diesen Sommerfreizeiten macht ihr gemeinsam Urlaub und steht jeden Tag auf dem Fußballplatz.

DAS ZIEL DER CLUBS

Fußballvereine organisieren ihre Kids-Clubs nicht einfach nur, weil sie Kindern eine Freude machen wollen. Zum einen geht es ihnen darum, neben dem Spaß auch Wissen zu vermitteln. Die Kinder sollen z. B. lernen, dass man zwar andere Vereine und deren Fans nicht so gut finden muss wie den eigenen, aber dass Hass und Gewalt nicht ins Stadion gehören. Auch den respektvollen Umgang miteinander, sportliches Verhalten und Umweltbewusstsein wollen die Clubs vermitteln.

Zum anderen sind die Kids-Clubs für die Fußballvereine eine Möglichkeit der Werbung. Sie hoffen, dass Kinder, die einmal Mitglied im Kids-Club waren, auch in Zukunft Fans und Mitglieder des Vereins bleiben – und somit ihr Leben lang Geld für Eintrittskarten, Trikots und Fanschals ausgeben werden.

Kinder kicken

Einmal Hand in Hand mit einem großen Star des Lieblingsvereins auf den Rasen laufen – diesen Traum erleben **Einlaufkinder**. Vor fast jedem großen Spiel führen sie die Mannschaften aufs Spielfeld. Wer Einlaufkind sein darf, wird im Vorfeld ausgelost oder durch einen Sponsor des Vereins bestimmt.

HILFE IM STADION:

ANFEUERN OHNE HANDICAP

Unter den Millionen Fußballfans in Deutschland gibt es auch einige mit körperlichen Beeinträchtigungen. Obwohl ein Stadionbesuch für sie nicht so einfach ist, wollen auch viele von ihnen auf das Erlebnis nicht verzichten.

Es gibt Fußballfans, für die ein Stadionbesuch nicht mit allen Sinnen zu erleben ist. Taube Zuschauer z. B. können die Gesänge und Sprechchöre der anderen Fans nicht hören. Fans mit Sehbehinderung können die Ballaktionen im Spiel nicht sehen. Und Menschen, die im Rollstuhl sitzen, können bei einem Torerfolg nicht aufspringen, um ihn zu bejubeln. Gerade für solche Fans mit speziellen Bedürfnissen lassen sich viele Vereine etwas einfallen. Sie wollen das Stadionerlebnis für so viele Fans möglich machen, wie es nur geht.

GANZ NAH AM SPIELFELD

Wenn ein Fußballfan im Rollstuhl sitzt, ist ein Besuch bei der Kreisligamannschaft vom Ortsverein häufig am einfachsten. Schließlich haben viele Sportplätze von Amateurvereinen keine großen Tribünen. Man kann direkt bis an das Spielfeld herangehen – oder eben mit dem Rollstuhl heranfahren. Bei den großen Stadien der Bundesliga sieht das schon anders aus. Hier gibt es riesige Tribünen und hohe Treppen, die man mit einem Rollstuhl nicht ohne Weiteres

überwinden kann. Weil Rollstuhlfahrer nicht einfach aufstehen und ein Stück zur Seite gehen können, kann es ihnen schnell passieren, dass ihnen Leute die Sicht versperren. Deshalb gibt es in den Stadien ganz spezielle Plätze, von denen aus Rollstuhlfahrer ungestört das Spiel verfolgen können. Diese Plätze sind häufig mit einem Fahrstuhl erreichbar und in manchen Stadien dürfen Rollstuhlfahrer sogar fast bis an den Spielfeldrand heran.

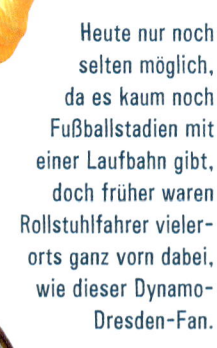

Heute nur noch selten möglich, da es kaum noch Fußballstadien mit einer Laufbahn gibt, doch früher waren Rollstuhlfahrer vielerorts ganz vorn dabei, wie dieser Dynamo-Dresden-Fan.

JEDEN TORSCHUSS BESCHREIBEN

Wie der Verteidiger den Ball kurz vor der Torlinie weggrätscht, der Kapitän den Ball mit der Brust annimmt und dann einen zentimetergenauen Pass durch das Mittelfeld spielt. Und wie der neue Mittelstürmer den Ball per Fallrückzieher ins Tor des Gegners schießt. All das können Menschen mit Sehbehinderung nicht ohne Hilfe erleben. Für diese Fans haben die Profivereine in Deutschland spezielle Radioübertragungen eingeführt. An ausgewiesenen Sitzplätzen befinden sich Kopfhörerbuchsen. Dort können die Fans ihre Kopfhörer einstecken und hören eine eigene Spielreportage. Die Reporter berichten dabei noch genauer und mit mehr Details, als es Radioreporter tun. Vor allem ist es für die sehbehinderten Fans wichtig zu erfahren, wo genau gerade etwas stattfindet. Deshalb erwähnen die Reporter immer wieder, wo sich der Ball auf dem Spielfeld befindet.

Oben: Der BVB hat einen Fanclub für Blinde namens »Blind Date«.

Rechts: Blindenreporter tragen dazu bei, dass auch sehbehinderte Fans dem Spiel folgen können.

GEMEINSAM STARK

Überall in Deutschland haben Fußballfans mit Beeinträchtigungen eigene Fanclubs gegründet. Sie organisieren Stadionbesuche vor Ort oder Auswärtsfahrten. Aber gemeinsam haben sie auch eine stärkere Stimme. Denn es gibt noch immer viel zu verbessern für Fans mit besonderen Bedürfnissen. Mithilfe ihrer Fanclubs können sie den Vereinen verdeutlichen, wo es noch Verbesserungsbedarf gibt, damit allen der Zugang zum Stadion und damit zu einem ungestörten Fußballerlebnis möglich ist.

Wer als Einlaufkind nicht selbst einlaufen kann, wird geschoben, hier z. B. von Marco Reus. So einfach ist das!

FANWISSEN

Welchen Service die Stadien für Fans mit körperlichen Beeinträchtigungen bieten und wo sich jeweils die Rollstuhlfahrerplätze befinden, erfährst du hier:

www.barrierefrei-ins-stadion.de

Dort findest du auch Links zu den Livestreams vieler Spiele der 1., 2. und 3. Liga als Blindenreportage.

VON CAPO BIS ULTRA:

DAS A–Z DER FANS

Es gibt unterschiedliche Arten von Fans und viele Begriffe rund um das Stadionerlebnis. Mit diesem A–Z behältst du den Überblick.

ALLESFAHRER

Viele Fans feuern ihre Mannschaft nur im heimischen Stadion an. Manche fahren auch zu ausgewählten Auswärtsspielen und wiederum andere schauen sich jedes Spiel ihres Teams live an – egal, in welchem Stadion. Diese besonders treuen Anhänger werden Allesfahrer genannt.

BANNER

Viele Fans bemalen große Plakate oder Stoffe mit Botschaften und bringen sie ins Stadion mit. Dort werden sie dann oft an den Zäunen und Brüstungen angebracht. Banner dienen zum Anfeuern, aber auch dazu, den Gegner zu ärgern.

BENGALOS

Immer wieder zünden manche Fans Bengalos, also bengalische Fackeln, an. Die Fackeln verbreiten zwar ein stimmungsvolles Licht, sie sorgen aber auch für viel Rauchentwicklung und werden bis zu 2.500 Grad Celsius heiß – das ist viel zu gefährlich für die Menschenmenge im Stadion, deshalb sind sie verboten.

CAPO

Viele Fanclubs und organisierte Fangruppen haben einen Vorsänger, der »Capo« (italienisch: *Kopf*, im Sinne von Anführer) genannt wird. Er steht häufig vor ihnen mit dem Rücken zum Spielfeld und feuert die Fans an, damit diese Stimmung machen. Außerdem gibt er ihnen vor, welchen Fangesang sie gerade anstimmen sollen.

Capo beim 1. FC Köln

CHOREOS

Mit ihren Choreos, also Choreografien, zaubern die Fans tolle Bilder ins Stadion und auf die Tribünen. Tausende kleine Einzelteile, etwa farbige Schilder oder kleine Fähnchen, werden dann zu einem großen Gesamtbild.

DAUERKARTE

Wer sich eine Dauerkarte kauft, kann jedes Heimspiel seines Vereins im Stadion besuchen. In der Regel gelten solche Tickets aber nur für eine Saison. Spielt die Mannschaft im Europapokal oder DFB-Pokal, haben Dauerkartenbesitzer häufig die Chance, als Erste Tickets für diese sehr begehrten Spiele zu bekommen.

FANBEAUFTRAGTER

Für jeden Bundesligaverein arbeiten ein oder mehrere Fanbeauftragte. Sie tauschen sich mit den Anhängern aus, versuchen, Streitigkeiten rund um den Stadionbesuch zu klären, und sind der Ansprechpartner, wenn Fangruppen aufwendige Choreografien im Stadion planen.

Fan-Banner für den HSV

FANFREUNDSCHAFT

In der Regel mögen Fans die Anhänger anderer Vereine nicht besonders. Schließlich wollen sie die eigene Mannschaft siegen sehen. Es gibt aber spezielle Fanfreundschaften zwischen verschiedenen Vereinen, bei denen die Anhänger einander wohlgesonnen sind. Die Fans des FC Schalke 04 beispielsweise können Anhänger von Borussia Dortmund nicht ausstehen. Mit den Fans des 1. FC Nürnberg hingegen pflegen sie eine tiefe Freundschaft.

FANKURVE

Als *Kurve* werden die Tribünen in einem Stadion bezeichnet. Der Begriff stammt aus der Zeit, als viele Stadien noch Zuschauerränge hatten, die rund um das Spielfeld gebaut waren. Auch wenn heute viele Tribünen gerade sind und eckig zueinander stehen, spricht man immer noch von *Fankurve*.

GROUNDHOPPER

Manche Fußballverrückte versuchen, so viele Stadien wie möglich zu besuchen. Ihr Hobby ist es, durch die ganze Welt zu reisen, um an den unterschiedlichsten Orten Fußball zu sehen. Sie »hüpfen« (englisch: *hop*) also von Fußballfeld (englisch: *ground*) zu Fußballfeld.

HOOLIGANS

Es gibt immer wieder Menschen, die ein Fußballspiel zum Anlass nehmen, um sich zu prügeln. Dabei sind Hooligans (englisch: *Rabauke, Randalierer*) keine wirklichen Fußballfans, das Spiel interessiert sie meistens wenig. Sie sind vor allem darauf aus, Ärger zu suchen und zu verursachen.

Wahre Freundschaft: Die Fans des 1. FC Nürnberg und des FC Schalke 04 halten zusammen!

Kutte eines FC-Bayern-München-Fans

KUTTE

Viele Fans tragen zu den Spielen ihrer Mannschaft ihre sogenannte *Kutte*: Das sind Jacken oder Westen, die sie mit Aufnähern ihres Vereins bestickt haben. Im Lauf der Jahre kommen immer mehr solcher Embleme dazu, die Kutte verändert ständig ihr Aussehen.

LA-OLA-WELLE

Wenn eine Mannschaft ihren Fans ein tolles Spiel mit vielen Toren bietet, kommt es regelmäßig dazu, dass »eine La-Ola-Welle durch das Stadion schwappt«. Dabei reißen die Fans auf den Tribünen nacheinander ihre Arme nach oben. Das sieht dann nach einer riesigen Welle aus.

ULTRAS

Ultras sind die lautesten Fans im Stadion. Häufig singen sie während der kompletten 90 Minuten eines Spiels. Sie organisieren die Choreos, bringen Banner mit ins Stadion und animieren auch den Rest der Fans, gemeinsam zu singen und zu schreien. Häufig werden sie als gewalttätig bezeichnet. Die meisten Ultras wollen aber einfach nur ihre Mannschaft unterstützen.

VIP-TRIBÜNE

Neben den normalen Steh- und Sitzplätzen gibt es in fast allen Stadien auch sogenannte *VIP-Tribünen*. Die Abkürzung VIP steht für den englischen Ausdruck »very important person«, wörtlich übersetzt »sehr wichtiger Mensch«. Wer von hier aus das Spiel verfolgen will, muss sehr viel für eine Karte bezahlen. Dafür gibt es aber auch bequeme Sessel und ein großes Büfett.

WECHSELGESANG

Beim Wechselgesang reagiert ein Teil des Stadions auf den anderen Teil. Die Fans, die gemeinsam auf einer Tribüne stehen oder sitzen, rufen der gegenüberliegenden Tribüne z. B. den ersten Teil des Vereinsnamens zu. Die Gegenseite antwortet dann mit dem zweiten Teil.

In der Regel ein Team aus Superstars: der FC Bayern München

2: DIE SPIELER

»Es spielen nicht immer die elf Besten, sondern die beste Elf.«

Ottmar Hitzfeld,
siebenmaliger Deutscher
Meister als Trainer

Die besten Spieler und größten Stars verhelfen ihren Clubs zu Meisterschaften und Pokalen. Und trotzdem: Ein Fußballspiel startet immer unter den gleichen Bedingungen. Beim Anpfiff zeigt die Anzeigetafel noch ein 0:0 und auf dem Feld stehen sich jeweils elf Spieler zweier Mannschaften gegenüber.
Wer das Spiel für sich entscheiden kann, hängt von zwei Faktoren ab: zum einen, welche Mannschaft aus den individuell besseren Spielern besteht. Und zum anderen, welche Spieler am besten als Team agieren. Denn nicht immer gewinnen die besseren Spieler – in der Regel gewinnt die bessere Mannschaft ein Fußballspiel.

Ein häufiges Bild: Ottmar Hitzfeld stemmt die Meisterschale in die Höhe.

ELF FREUNDE SOLLT IHR SEIN:

DIE MANNSCHAFT

Elf einzelne Spieler. Alle spielen sie gemeinsam im gleichen Trikot auf dem Fußballplatz. Und doch hat jeder seine ganz eigene Aufgabe. Welche, das gibt die Spielposition vor, auf der jeder Spieler eingeteilt ist.

Wenn kleine Kinder Fußball spielen, kann das ziemlich chaotisch aussehen. Sobald der Ball im Spiel ist, rennen die meisten Kinder ihm nach. So entsteht ein großes Knäuel an Spielern, der Ball ist nicht mehr zu sehen und besonders viele Tore fallen so auch nicht. Spaß macht das Spiel natürlich trotzdem. Doch wer im Verein Fußball spielt, lernt im Training, dass in einer

Mannschaft nicht jeder für sich allein spielt, sondern alle zusammen in einem taktischen System – so entstehen solche Knäuel nur noch selten. Denn in der Regel hält sich jeder Spieler ungefähr in dem Bereich des Spielfelds auf, den seine Spielposition vorgibt. Im modernen Fußball müssen Spieler allerdings häufig auch andere Positionen übernehmen können.

STURM

Oft wird mit drei Stürmern gespielt. Außenstürmer sorgen hauptsächlich für Flanken. Der Mittelstürmer versucht, direkt aufs Tor zu schießen.

 linker Außenstürmer

 Mittelstürmer

 rechter Außenstürmer

MITTELFELD

Spielen nur drei Spieler im Mittelfeld, übernehmen alle drei sowohl offensive als auch defensive Aufgaben. Je nachdem, welches Team den Ball hat.

 linker Mittelfeldspieler

 zentraler Mittelfeldspieler

 rechter Mittelfeldspieler

Spielsystem 4–3–3: offensiv, aber mit defensivem zentralen Mittelfeld

ABWEHR

Die Außenverteidiger haben nicht nur defensive Aufgaben. Hat ihre Mannschaft den Ball, laufen sie häufig mit nach vorn, um Flanken zu schlagen.

 linker Außenverteidiger

 linker Innenverteidiger

 rechter Innenverteidiger

 rechter Außenverteidiger

TORHÜTER

Egal, mit welchem System gespielt wird – Torhüter kann immer nur ein einziger Spieler sein.

 Torhüter

WER SCHIESST DIE TORE? DER STURM

Stürmer haben vor allem eine Aufgabe: Tore schießen. Deshalb halten sie sich meist in der Nähe des gegnerischen Strafraums auf. Oft helfen sie aber auch beim Verteidigen. Wie viele Stürmer auf dem Platz stehen, hängt davon ab, wie viel Risiko eine Mannschaft eingehen will. Will die Mannschaft (bzw. ihr Trainer) mit einem Stürmer mehr spielen, muss dafür ein Mittelfeldspieler oder Verteidiger weniger aufgestellt werden. Die Chance, ein Tor zu schießen, steigt damit zwar. Aber auch die Gefahr, einen Gegentreffer zu kassieren.

WER VERHINDERT TORE? DIE ABWEHR

Abwehrspieler versuchen vor allem, das eigene Tor zu verteidigen und den Gegner daran zu hindern, einen Treffer zu erzielen. Zur Abwehr gehören meistens zwischen drei und fünf Spieler. Sie agieren eng mit dem Mittelfeld zusammen. Bei Standardsituationen wie Eck- oder Freistößen verändern Abwehrspieler manchmal ihre Position: Sie laufen dann mit nach vorn, um Tore zu erzielen.

WER ORDNET DAS SPIEL? DAS MITTELFELD

Häufig wird das Spiel im Mittelfeld entschieden. Die Mittelfeldspieler übernehmen den Ball von ihren Abwehrspielern und müssen dann entscheiden, wie ihr Team weiterspielen soll. Sie können den Ball mit langen Flanken direkt in die Spitze befördern, in der Hoffnung, dort einen Stürmer anzuspielen. Oder sie bewegen den Ball mit vielen schnellen Pässen im Mittelfeld hin und her, um an den Gegenspielern vorbeizukommen. Wer nicht passen will, kann dribbeln. Das erhöht aber die Gefahr, den Ball zu verlieren.

WER HAT EINE SONDERSTELLUNG? DER TORWART

Torhüter stehen unter einem ganz besonderen Druck. Sie müssen ihre Aufgaben meistens allein erledigen. Wenn ein Ball auf das Tor geschossen wird, kann in der Regel nur noch der Torhüter eingreifen, um ihn aufzuhalten. Schießt ein Stürmer den Ball am Tor vorbei, kann er es später noch einmal versuchen. Macht aber ein Torhüter einen Fehler und lässt einen Gegentreffer zu, gerät die Mannschaft vielleicht in Rückstand.

OFFENSIV ODER DEFENSIV?

Eine Mannschaft ist unterteilt in Offensive und Defensive. Stürmer und Mittelfeldspieler, die eher nach vorn spielen, werden **offensive** Spieler genannt. Verteidiger und Mittelfeldspieler, die mehr nach hinten arbeiten, bilden die **Defensive** eines Teams.

SPIELSYSTEME

Der Trainer überlegt sich vor jedem Spiel eine Taktik und stellt die Startelf auf. Je nachdem, ob er dem Gegner lieber offensiv oder defensiv begegnen will, wählt er ein **Spielsystem**, z. B. 3–4–3 oder 5–3–2. Dabei steht die erste Ziffer für die Anzahl der Verteidiger, die zweite für die der Mittelfeldspieler und die dritte für die der Stürmer.

VIERERKETTE, RAUTE UND DOPPEL-SECHS

Verteidiger spielen meist in einer Reihe, daher kommt der Begriff **Viererkette**. Im Mittelfeld gibt es unterschiedliche Aufstellungen. Bei vier Spielern übernimmt der »Zehner« das offensive zentrale Mittelfeld, der »Sechser« das defensive, die »Achter« spielen außen (**Raute**). Sichern zwei Mittelfeldspieler das Zentrum, nennt man das **Doppel-Sechs**.

Spielsystem 5–3–2: defensiv, aber mit offensivem zentralen Mittelfeld

Spielsystem 4–4–2: offensiv mit Raute (6 = defensiv, 10 = offensiv)

Spielsystem 3–4–3: offensiv mit Doppel-Sechs

DIE NUMMER 1:

DIE GRÖSSTEN IM TOR

Sie sind Flugkünstler, furchtlos und packen zu: Die besten Torhüter der Welt spielen spektakulär und retten ihren Teams ein ums andere Mal den Sieg.

Manche Spieler erreichen fast 30 Stundenkilometer, wenn sie im Vollsprint auf das gegnerische Tor zurennen. Und Torschüsse können schon einmal über 100 Stundenkilometer schnell sein. Sich in solche Bälle zu werfen oder sich diesen Stürmern entgegenzustellen, erfordert eine Menge Mut. Das allein reicht natürlich nicht. Herausragende Torhüter brauchen darüber hinaus eine starke Sprungkraft, ein schnelles Reaktionsvermögen und viel Erfahrung. Außerdem müssen moderne Torhüter auch gut Fußball spielen können, denn immer häufiger werden sie auch in das Spiel ihrer Mannschaft eingebunden, müssen Pässe spielen oder sogar im Zweikampf den gegnerischen Spielern den Ball abnehmen.

Marc-André ter Stegen

*1992 NATIONALSPIELER SEIT: 2012

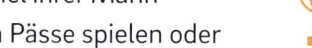

VEREINE: Borussia Mönchengladbach, FC Barcelona

Marc-André ter Stegen gilt nicht nur als herausragender Torhüter, sondern vor allem als sehr guter Fußballer. Mit seiner Passsicherheit könnte er auch als Mittelfeldspieler auflaufen.

 1 x Champions-League-Sieger
5 x Spanischer Meister

Manuel Neuer

*1986 NATIONALSPIELER SEIT: 2009

VEREINE: FC Schalke 04, FC Bayern München

Manuel Neuer ist nicht nur für spektakuläre Paraden bekannt. Regelmäßig sprintet er aus seinem Strafraum heraus, um Gegenangriffe abzuwehren.

 1 x Weltmeister
2 x Champions-League-Sieger
11 x Deutscher Meister
5 x Welttorhüter des Jahres

RICHTIG FALLEN

Torhüter müssen vor allem das Fallen trainieren. Um sich nicht bei jeder Parade zu verletzen, mit der sie einen Ball halten, üben sie die perfekte Landung auf dem Rasen.

FAUSTABWEHR

Wenn Torhüter scharf geschossene Bälle nicht fangen und festhalten können, nutzen sie ihre Fäuste: Sie versuchen, den Ball zur Seite abzuwehren, damit die Angreifer ihn nicht erreichen können.

Gianluigi Donnarumma

*1999 NATIONALSPIELER SEIT: 2016

V: AC Mailand, Paris Saint-Germain

Er bestritt sein erstes Spiel in der ersten italienischen Liga schon mit 16 Jahren. Rekord! 2021 wurde er mit Italien Europameister.

Gianluigi Buffon

*1978 NATIONALSPIELER: 1997–2018

V: Juventus Turin, Paris Saint-Germain

Er ist Italiens Rekordnationalspieler, wurde 2006 Weltmeister und insgesamt fünfmal zum Welttorhüter des Jahres gewählt.

Thibaut Courtois

*1992 NATIONALSPIELER SEIT: 2011

V: FC Chelsea, Real Madrid

Bei der Weltmeisterschaft 2018 wurde er zum besten Torhüter des Turniers gewählt. Er wurde sowohl in England als auch in Spanien bereits Meister.

Alisson

*1992 NATIONALSPIELER SEIT: 2015

V: AS Rom, FC Liverpool

2018 wechselte er für unglaubliche 62,5 Millionen Euro zum FC Liverpool. So eine hohe Summe wird selten für einen Torhüter gezahlt.

Hope Solo

*1981 NATIONALSPIELERIN: 2000–2016

V: Olympique Lyon, Seattle Reign FC

Sie blieb als Torhüterin der US-Nationalmannschaft bei 202 Einsätzen ohne Gegentor. Das schaffte vor und nach ihr noch keine Keeperin.

Nadine Angerer

*1978 NATIONALSPIELERIN: 1996–2015

V: 1. FFC Turbine Potsdam, 1. FFC Frankfurt

Mit Nadine Angerer im Tor gewann die deutsche Mannschaft fünfmal die EM. Sie wurde 2013 als erste Torhüterin zur Weltfußballerin des Jahres gewählt.

Oliver Kahn

*1969 NATIONALSPIELER: 1993–2006

V: Karlsruher SC, FC Bayern München

Er war dreimal Welttorhüter des Jahres und gewann achtmal die deutsche Meisterschaft. Mit der Nationalmannschaft wurde er Europameister.

Petr Čech

*1982 NATIONALSPIELER: 2002–2016

V: FC Chelsea, FC Arsenal

Sein Markenzeichen: ein schwarzer Helm! Nach einer 2006 erlittenen Kopfverletzung spielte Čech nur noch mit Helm.

Sepp Maier

*1944 NATIONALSPIELER: 1966–1979

V: FC Bayern München

Er wurde mit der deutschen Nationalmannschaft Europa- und Weltmeister und war vor allem für seine lockeren Sprüche bekannt.

V: Die genannten Vereine einiger Spielerinnen und Spieler sind eine Auswahl.

GEGEN DEN BALL:

DIE STÄRKSTE ABWEHR

Um Gegentore zu verhindern, brauchen Abwehr-spieler viele Fähigkeiten: Sie müssen grätschen, den Ball köpfen und Zweikämpfe gewinnen.

Abwehrspieler leben gefährlich. Sie müssen alles tun, um zu verhindern, dass die gegnerischen Spieler sich mit dem Ball dem Tor nähern. Verteidiger sind also häufig in Zweikämpfe verwickelt. Das ist aber nicht nur schwierig und anstrengend, sondern auch riskant. Je mehr Zweikämpfe, desto höher die Gefahr, dass sie ein Foul begehen und die andere Mannschaft einen Freistoß – oder noch schlimmer: einen Strafstoß – zugesprochen bekommt. Und dann wird es richtig gefährlich für das eigene Tor. Die besten Verteidiger der Welt sind also nicht nur körperlich stark. Sie müssen auch besonders geschickt spielen.

David Alaba

*1992 NATIONALSPIELER SEIT: 2009

VEREINE: FC Bayern München, Real Madrid

David Alaba spielt meistens als Links- oder Innenverteidiger. Nach elf Jahren und unzähligen Erfolgen beim FC Bayern München wechselte der österreichische Nationalspieler 2021 zu Real Madrid.

- 3 x Klub-Weltmeister
- 3 x Champions-League-Sieger
- 10 x Deutscher Meister
- 6 x DFB-Pokal-Sieger

Antonio Rüdiger

*1993 NATIONALSPIELER SEIT: 2014

VEREINE: VfB Stuttgart, AS Rom, FC Chelsea

Mit 18 wurde er als bester Nachwuchsspieler seines Jahrgangs ausgezeichnet. Von Stuttgart zog es Rüdiger nach Rom und inzwischen spielt der schnelle und zweikampfstarke Verteidiger für Chelsea.

- 1 x Confederations-Cup-Spieger
- 1 x Champions-League-Sieger
- 2 x Klub-Weltmeister
- 1 x Europa-League-Sieger

GRÄTSCHE

Ist ein Ball zu weit weg, um ihn sich zu erlaufen, hilft manchmal nur die Grätsche: Der Verteidiger springt vom Boden ab, streckt ein Bein lang nach vorn und versucht so, den Ball zu treffen. Dabei ist Timing sehr wichtig: Trifft der Verteidiger den Gegenspieler, begeht er ein hartes Foul.

ABSEITSFALLE

Spielt der Gegner einen langen Ball, entfernt sich die Abwehr manchmal vom eigenen Tor. Mit dieser Taktik lockt sie die gegnerischen Stürmer ins Abseits (s. S. 53). Das ist aber riskant: Laufen die Abwehrspieler zu spät los, funktioniert die Falle nicht und der Gegner ist im Vorteil.

Mats Hummels

🇩🇪

*1988 NATIONALSPIELER SEIT: 2010

V: FC Bayern München, Borussia Dortmund

Der Weltmeister von 2014 wechselte schon mehrfach zwischen München und Dortmund hin und her. Er ist vor allem für sein Kopfballspiel bekannt.

Alphonso Davies

🇨🇦

*2000 NATIONALSPIELER SEIT: 2017

V: FC Bayern München

Er war schon als sehr junger Spieler erfolgreich: Den ersten Profivertrag unterschrieb er mit 15, sein erstes Länderspiel folgte mit 16 Jahren.

Giorgio Chiellini

🇮🇹

*1984 NATIONALSPIELER SEIT: 2004

V: Juventus Turin

Er gilt als besonders harter Innenverteidiger, aber auch als fairer Sportsmann. 2021 führte er Italien als Kapitän zum EM-Titel.

Virgil van Dijk

🇳🇱

*1991 NATIONALSPIELER SEIT: 2015

V: Celtic Glasgow, FC Liverpool

Der Niederländer konnte schon die Champions League und die Klub-WM gewinnen und gilt momentan als einer der besten Verteidiger Europas.

Niklas Süle

🇩🇪

*1995 NATIONALSPIELER SEIT: 2016

V: FC Bayern München, Borussia Dortmund

Beim BVB spielt der Innenverteidiger manchmal auf der rechten defensiven Außenbahn. So wird er auch im Nationalteam eingesetzt.

Philipp Lahm

🇩🇪

*1983 NATIONALSPIELER: 2004–2014

V: FC Bayern München

Er konnte beide Außenverteidigerposten bekleiden und galt lange als bester Verteidiger der Welt. 2014 wurde er mit Deutschland Weltmeister.

Berti Vogts

🇩🇪

*1946 NATIONALSPIELER: 1967–1978

V: Borussia Mönchengladbach

Als Spieler wurde er 1972 Europa- und 1974 Weltmeister. 1996 gewann er den Europameistertitel als Trainer der deutschen Nationalmannschaft.

Franz Beckenbauer

🇩🇪

*1945 NATIONALSPIELER: 1965–1977

V: FC Bayern München, New York Cosmos

»Der Kaiser« war einer der besten Fußballer aller Zeiten. Sowohl als Spieler als auch als Teamchef wurde er mit Deutschland Weltmeister.

Bobby Moore

🇬🇧

1941–1993 NATIONALSPIELER: 1962–1973

V: West Ham United, FC Fulham

Als Innenverteidiger gewann er 1966 mit England die Weltmeisterschaft. Er war vor allem für seine ruhige Spielweise bekannt.

V: Die genannten Vereine einiger Spieler sind eine Auswahl.

ZWISCHEN ABWEHR UND ANGRIFF:
GENIAL IM MITTELFELD

Mittelfeldspieler müssen wahrscheinlich von allen Kickern auf dem Platz am besten mit dem Ball umgehen können. Denn in der Regel haben sie die meisten Ballkontakte.

Mit der Fuß-Innenseite den Ball zu einem Mitspieler passen, mit dem Außenrist, also dem äußeren Bereich des Fußes, den Ball in den gegnerischen Strafraum flanken, trickreich an einem Gegenspieler vorbeidribbeln, Kopfballduelle am Mittelkreis gewinnen und Torschüsse aus der Entfernung probieren. Die Fähigkeiten, die Mittelfeldspieler beim Umgang mit dem Ball brauchen, könnten unterschiedlicher nicht sein. Deshalb sind die besten von ihnen auch so vielseitig. Aber sie benötigen nicht nur fußballerische Fähigkeiten. Mittelfeldspieler müssen ein Spiel auch »lesen« können – also z. B. erkennen, wann es sich lohnt, schnell nach vorn zu spielen, und wann sie lieber erst einmal nach hinten zur eigenen Abwehr passen. Viele Mittelfeldspieler sind bei den Fans besonders beliebt. Schließlich sehen ihre Dribblings und Tricks häufig spektakulär aus.

Marco Reus

*1989 NATIONALSPIELER SEIT: 2011

VEREINE: Borussia Mönchengladbach, Borussia Dortmund

Marco Reus gehört zu den besten Mittelfeldspielern der Bundesliga. Er kann das Spiel hervorragend lenken und ist äußerst torgefährlich. Doch immer wieder machen ihm größere Verletzungen zu schaffen.

🏆 2 x DFB-Pokal-Sieger
2 x Deutschlands Fußballer des Jahres

Jamal Musiala

*2003 NATIONALSPIELER SEIT: 2021

VEREIN: FC Bayern München

Jamal Musiala bestritt mit 17 Jahren sein erstes Champions-League-Spiel. Im vierten Spiel gelang ihm sogar ein Treffer: Er war der jüngste Bayern-Torschütze in der Champions League aller Zeiten.

🏆 1 x Champions-League-Sieger
4 x Deutscher Meister

DRIBBLING
Mit dem Ball am Fuß an einem Gegenspieler vorbeilaufen. Dazu sind häufig Tricks und Täuschungen nötig.

ÜBERSTEIGER
Täuschungsversuch: Ein Spieler tut so, als wollte er in eine bestimmte Richtung schießen, nimmt dann aber die andere.

FLANKE
Bei diesem Pass wird der Ball im Mittelfeld von den Spielern auf den Außenpositionen hoch in den Strafraum geschossen. Dort soll dann ein Stürmer den Ball aufs Tor schießen oder köpfen.

Serge Gnabry

*1995 NATIONALSPIELER SEIT: **2016**

V: Werder Bremen, FC Bayern München

Als Jugendlicher wechselte er von Stuttgart nach England. Er wurde nach einigen Jahren beim FC Arsenal zum Profi.

Joshua Kimmich

*1995 NATIONALSPIELER SEIT: **2016**

V: RB Leipzig, FC Bayern München

Joshua Kimmich ist inzwischen als »Allrounder« in der Abwehr bekannt. Auf verschiedenen Positionen spielt er auf Weltklasse-Niveau.

Kevin De Bruyne

*1991 NATIONALSPIELER SEIT: **2010**

V: VfL Wolfsburg, Manchester City

Der belgische Fußballer gilt als einer der besten Mittelfeldspieler Europas und wurde 2015 mit dem VfL Wolfsburg DFB-Pokal-Sieger.

Diego Maradona

1960–2020 NATIONALSPIELER: **1977–1994**

V: FC Barcelona, SSC Neapel

Maradona gilt als der vielleicht beste Fußballspieler aller Zeiten. Er war weltberühmt für seine Dribblings und Sololäufe über das ganze Spielfeld.

Zinédine Zidane

*1972 NATIONALSPIELER: **1994–2006**

V: Juventus Turin, Real Madrid

Ein echter Künstler am Ball, der als zentraler Mittelfeldspieler auf dem Feld stand. Mit Frankreich wurde er Europa- und Weltmeister.

Lothar Matthäus

*1961 NATIONALSPIELER: **1980–2000**

V: Inter Mailand, FC Bayern München

Mit 150 Länderspielen ist Lothar Matthäus der Rekordnationalspieler Deutschlands. Seine Rolle im Mittelfeld füllte er meist defensiv aus.

Johan Cruyff

1947–2016 NATIONALSPIELER: **1966–1977**

V: Ajax Amsterdam, FC Barcelona

Er gilt als der Erfinder des modernen, schnellen Fußballs und wurde zu Europas Fußballer des 20. Jahrhunderts gewählt.

Megan Rapinoe

*1985 NATIONALSPIELERIN SEIT: **2006**

V: Seattle Reign FC, Olympique Lyon

Die Spielführerin setzt sich besonders auf dem Platz, aber auch außerhalb für die Gleichberechtigung von Frauen und Männern ein.

Bettina Wiegmann

*1971 NATIONALSPIELERIN: **1989–2003**

V: FFC Brauweiler Pulheim, Boston Breakers

Sie wurde viermal Europa- und einmal Weltmeisterin. Als nur eine von bisher zwei Frauen wurde sie als Ehrenspielführerin des DFB ausgezeichnet.

V: Die genannten Vereine einiger Spielerinnen und Spieler sind eine Auswahl.

TORE AM FLIESSBAND:
GEFÄHRLICHER STURM

Auch die besten Stürmer haben während eines Spiels nur selten den Ball. Die meiste Zeit warten sie auf ein Zuspiel, um dann eiskalt zuzuschlagen und den Ball ins Tor zu befördern.

Stürmer müssen ihre Schusskraft und die Präzision ihrer Schüsse trainieren, um erfolgreich zu sein. Die größte Wucht bekommt der Ball bei einem Schuss mit dem Vollspann, also mit der Oberseite des Fußes. Dabei ist der Ball aber schwer zu kontrollieren. Schießt der Stürmer ihn mit der Innenseite des Fußes, fliegt der Ball nicht ganz so schnell, lässt sich dafür aber präziser platzieren. Neben der Schusstechnik brauchen Angreifer eine gute Kopfballtechnik, um den Ball nach hohen Flanken ins Tor zu befördern. Und sie müssen selbst Flanken schlagen und gefährliche Pässe zu den anderen Stürmern um sie herum spielen können.

Robert Lewandowski

*1988 NATIONALSPIELER SEIT: 2008

VEREINE: Borussia Dortmund, FC Bayern München, FC Barcelona

In der Saison 2020/2021 schoss Lewandowski insgesamt 41 Treffer und ist seitdem der Spieler mit den meisten Treffern innerhalb einer Bundesligasaison.

1 x Klub-Weltmeister,
1 x Champions-League-Sieger
10 x Deutscher Meister,
1 x Weltfußballer des Jahres
1 x Spanischer Meister

Erling Haaland

*2000 NATIONALSPIELER SEIT: 2019

VEREINE: Borussia Dortmund, Manchester City

Erling Haaland wird oft als »Naturgewalt« bezeichnet, mit feiner Ballbehandlung und toller Schusstechnik. Mit seinem 1,94 Meter großen Körper setzt er sich häufig durch und schießt ein Tor nach dem anderen.

1 x Champions-League-Sieger
1 x Englischer Meister
1 x DFB-Pokal-Sieger

VOLLEYSCHUSS

Dabei schießt der Stürmer eine Flanke direkt aufs Tor, ohne den Ball vorher anzunehmen. Das ist besonders schwer und erfordert eine gute Koordination und Technik.

ENTGEGEN DER LAUFRICHTUNG

Stürmer spielen den Ball oft gegen die Richtung weiter, aus der er gekommen ist. So hat der Ball mehr Drall und ist für den Torwart schwieriger zu erreichen.

Cristiano Ronaldo

*1985 NATIONALSPIELER SEIT: 2003

V: Real Madrid, Manchester United

Er ist für sein hartes und ausdauerndes Training bekannt. Und das hat Erfolg: In knapp 300 Spielen für Real Madrid schoss er über 300 Tore.

Lionel Messi

*1987 NATIONALSPIELER SEIT: 2005

V: FC Barcelona, Paris Saint-Germain

Messi ist unglaublich torgefährlich (672 Tore in 778 Spielen für Barcelona), aber auch für seine spektakulären Dribblings bekannt.

Zlatan Ibrahimović

*1981 NATIONALSPIELER SEIT: 2001

V: Juventus Turin, AC Mailand

Er erzielte über 500 Tore. Unvergessen ist sein Fallrückzieher im Spiel Schweden gegen England – er traf aus 25 Metern ins Tor.

Neymar

*1992 NATIONALSPIELER SEIT: 2010

V: FC Barcelona, Paris Saint-Germain

Neymar ist der Fußballspieler, für den bisher die höchste Transfersumme gezahlt wurde. 2017 kassierte der FC Barcelona rund 222 Millionen Euro.

Kylian Mbappé

*1998 NATIONALSPIELER SEIT: 2017

V: AS Monaco, Paris Saint-Germain

Für seinen Wechsel zahlte Paris Saint-Germain 2017 rund 180 Millionen Euro. Seitdem hat er in über 200 Spielen auch über 200 Mal getroffen.

Miroslav Klose

*1978 NATIONALSPIELER: 2001–2014

V: FC Bayern München, Lazio Rom

71 Länderspieltore – kein deutscher Stürmer hat mehr Treffer erzielt als Miroslav Klose. Mit der Nationalmannschaft wurde Klose 2014 Weltmeister.

Marta Vieira da Silva

*1986 NATIONALSPIELERIN SEIT: 2002

V: Umeå IK, Orlando Pride

Sechs Mal schon wurde Marta zur Weltfußballerin des Jahres gewählt. Mit 17 Treffern ist sie die Rekordtorschützin bei Weltmeisterschaften.

Birgit Prinz

*1977 NATIONALSPIELERIN: 1994–2011

V: 1. FFC Frankfurt

Zweimal Welt-, fünfmal Europameisterin, neun Meistertitel und vier Olympiateilnahmen – die Liste der Erfolge der DFB-Ehrenspielführerin ist lang.

Gerd Müller

1945–2021 NATIONALSPIELER: 1966–1974

V: FC Bayern München, Fort Lauderdale Strikers

Mit 365 Toren ist Gerd Müller der Rekordtorschütze der Bundesliga. Er konnte auch aus unmöglichen Positionen Tore schießen, z. B im Sitzen.

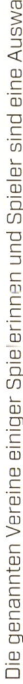

V: Die genannten Vereine einiger Spielerinnen und Spieler sind eine Auswahl.

VOM BOLZPLATZ ZUR BUNDESLIGA

SELBST PROFI WERDEN

Fußballprofi werden – davon träumen viele Mädchen und Jungen. Mit seinem liebsten Hobby Geld verdienen, dazu die spannenden Reisen, die Anerkennung der Fans und der Luxus als Star ... Aber der Weg zum Profi ist steinig.

Ungefähr 1.500 Spieler stehen bei den Vereinen der Bundesliga, der 2. Bundesliga und der 3. Liga unter Vertrag. Sie alle haben es geschafft und können mit dem Fußball Geld verdienen. 1.500 – das klingt erst einmal nach sehr vielen Spielern. Allein in Deutschland spielen über zwei Millionen Kinder und Jugendliche Fußball. Du kannst dir bestimmt vorstellen, wie schwierig es ist, wirklich ganz nach oben an die Spitze zu kommen. Wenn man diese Zahlen vergleicht, heißt das nämlich, dass nur 0,08 Prozent aller Kinder – also etwa eins von 1.200 Kindern – Fußballprofi in Deutschland werden können.

CHANCEN-RECHNUNG

Die Rechnung oben geht nicht ganz auf. Wenn man bedenkt, dass auch viele Fußballer aus dem Ausland Profi in Deutschland werden, ist die Chance in Wirklichkeit noch geringer. Auf der anderen Seite kann man auch in den unteren Ligen schon Geld mit dem Fußballspielen verdienen oder im Ausland einen Verein finden. Ganz genau lässt sich also nicht berechnen, wie wahrscheinlich es ist, dass du Fußballprofi wirst. Klar ist nur: Es ist sehr, sehr schwierig. Du benötigst Talent, musst regelmäßig und viel trainieren und brauchst am Ende auch sehr viel Glück.

Im Kinder- und Jugendfußball gibt es einige Mannschaften, in denen Mädchen und Jungs gemeinsam spielen. Erst wenn sie älter sind, werden sie in eigene Teams aufgeteilt.

TAG UND NACHT BOLZEN

Wenn du bei einem Verein in der Jugendmannschaft spielst, hast du vermutlich zweimal in der Woche Training. Da kann man schon ganz schön viel üben. Um richtig erfolgreich zu werden, reicht das aber nicht. Alle großen Stars erzählen, dass sie in ihrer Jugend jede freie Minute zum Kicken und Bolzen genutzt haben. Cristiano Ronaldo hatte schon mit sieben Jahren immer einen Fußball unter dem Arm, wenn er zur Schule ging. Zlatan Ibrahimović bolzte jeden Tag mit anderen Kindern zwischen den Hochhäusern seines Wohnviertels. Und Leroy Sané kickte sich den Ball im Wohnzimmer mit seinem Vater hin und her: Souleymane Sané war selbst Fußballprofi. Er spielte u. a. für den SC Freiburg und den 1. FC Nürnberg.

Dieser Bolzplatz in Malmö (Schweden) entstand 2007 zu Ehren des Fußballers Zlatan Ibrahimović, der als Kind selbst an diesem Ort gekickt hat.

SCHULFACH FUSSBALL

Auch große Vereine wie der FC Bayern München oder Borussia Mönchengladbach haben Kinder- und Jugendmannschaften. Um darin aufgenommen zu werden, musst du zu einem Probetraining eingeladen werden. Dann gilt es, dein ganzes Können zu zeigen. Wenn du Glück hast und die Trainer überzeugst, wirst du vielleicht Teil der Jugendmannschaft. Für etwas ältere Jugendspieler gibt es bei vielen Vereinen sogar spezielle Internate. Dort leben die Nachwuchskicker zusammen, gehen morgens in die Schule und nachmittags zum Fußballtraining.

Zlatan Ibrahimović spielte schon für diverse Topvereine. Im Sommer 2023 beendete er seine Karriere.

Man nennt ihn auch »Diamantenauge«: Bevor Sven Mislintat Sportdirektor des VfB Stuttgart wurde, war er lange Zeit als Scout für Borussia Dortmund unterwegs.

Unten: Trainingsplätze auf dem FC Bayern Campus

Kinder kicken

Um neue Spieler zu finden, beschäftigen Vereine sogenannte **Scouts**. Das englische Wort bedeutet »Späher« und beschreibt die Tätigkeit sehr gut: Scouts besuchen viele Fußballspiele und halten dort Ausschau nach neuen Talenten.

LEGENDÄRE TRAINER

Siege erringt die Mannschaft auf dem Platz. Aber an der Seitenlinie stehen die Menschen, die an diesen Erfolgen maßgeblichen Anteil haben: die Trainer.

Trainer haben viele verschiedene Aufgaben, eigentlich sind sie für fast alles rund um ihre Mannschaft verantwortlich. Sie stimmen sich mit den Managern ab, welche Spieler von anderen Vereinen geholt werden sollen. Sie entwerfen Trainingspläne und begleiten täglich die Übungen der Mannschaft. Sie bereiten die Spieler auf das nächste Spiel vor und legen die Taktik fest, mit der das Team spielen soll. Und während des Spiels leiten sie die Spieler von der Seitenlinie aus an und entscheiden z. B., wann und wen sie auswechseln wollen.

Julian Nagelsmann

*1987 PROFITRAINER SEIT: 2016

VEREINE: RB Leipzig, FC Bayern München

Mit nur 28 Jahren bekam er in Hoffenheim seinen ersten Job als Profitrainer. So jung war vor ihm noch kein Bundesligatrainer. Seit September 2023 ist er der neue Bundestrainer.

Jürgen Klopp

*1987 PROFITRAINER SEIT: 2001

VEREINE: Borussia Dortmund, FC Liverpool

Klopp bleibt selten auf der Trainerbank sitzen – ständig läuft er an der Seitenlinie auf und ab und feuert seine Mannschaft an. Und das funktioniert: Klopp ist einer der erfolgreichsten Trainer der letzten Jahre.

1 x Champions-League-Sieger
2 x Deutscher Meister
1 x Englischer Meister

SPEZIALTRAINER

Der Cheftrainer überwacht den gesamten Trainingsbetrieb, er wird aber von Spezialisten unterstützt. So gibt es Fitnesstrainer, Standard-Spezialisten zum Trainieren von Freistößen und Eckbällen, Ernährungsexperten und Video-Analysten.

VIDEOSCHULUNG

Im Profibereich arbeiten alle Trainerteams mit Videoschulungen. Dabei zeigen die Trainer der Mannschaft Spielzüge des nächsten Gegners, aber auch die eigenen Stärken und Schwächen.

Joachim »Jogi« Löw

*1960 NATIONALTRAINER: 2006–2021

1x Weltmeister, 1x Vize-Europameister

In insgesamt 198 Länderspielen stand er an der Seitenlinie der deutschen Nationalmannschaft. Sein größter Erfolg: der WM-Titel 2014 in Brasilien.

Hansi Flick

*1965 NATIONALTRAINER SEIT: 2021

1x Champions League, 2x Deutscher Meister

Als Co-Trainer gewann er 2014 den WM-Titel. 2020 holte er mit Bayern München das »Triple«: Meisterschaft, DFB-Pokal und Champions League.

Pep Guardiola

*1971 PROFITRAINER SEIT: 2008

3x Champions League, 3x Klub-WM

Er lässt seine Mannschaften gern offensiv spielen. Dazu zählen die besten Teams Europas: FC Bayern München, FC Barcelona und Manchester City.

Silvia Neid

*1964 NATIONALTRAINERIN: 2005–2016

1x Weltmeisterin, 2x Europameisterin

An allen acht EM-Titeln der deutschen Nationalmannschaft im Frauenfußball war Silvia Neid beteiligt: als Spielerin, Co-Trainerin oder Chef-Trainerin.

Didier Deschamps

*1968 NATIONALTRAINER SEIT: 2012

1x Weltmeister, 1x Französischer Meister

Nicht nur als Trainer, sondern auch als Spieler wurde er mit Frankreich Weltmeister. Den Europameistertitel gewann er bisher »nur« als Spieler.

José Mourinho

*1963 PROFITRAINER SEIT: 2000

2x Champions League, 2x Europa League

Wegen seines Temperaments wird er kritisch gesehen. Doch er ist extrem erfolgreich: In vier Ländern wurde er bereits mit seinen Teams Meister.

Jupp Heynckes

*1945 PROFITRAINER: 1979–2018

2x Champions League, 4x Deutscher Meister

Er feierte in Deutschland wie auch in Spanien große Erfolge als Trainer. Die Champions League gewann er mit Bayern München und mit Real Madrid.

Mário Zagallo

*1931 NATIONALTRAINER: 1970-74, 94-98

1x Weltmeister, 1x Copa América

Zagallo war an vier der fünf WM-Titel Brasiliens beteiligt: 1958 und 1962 als Spieler, 1970 als Trainer und 1994 als technischer Koordinator.

Sepp Herberger

1897-1977 NATIONALTRAINER: 1936-1964

1x Weltmeister

Er führte die deutsche Nationalmannschaft 1954 zum »Wunder von Bern«. Sie lag zunächst 0:2 gegen Ungarn zurück, gewann am Ende aber mit 3:2.

ALLES AUSSER GEWÖHNLICH:

REKORDSPIELER

Diese Stars haben ganz unterschiedliche, aber sehr besondere Rekorde aufgestellt. Sie haben den Fußball geprägt.

PELÉ

Er zählt zu den besten Fußballern aller Zeiten: der brasilianische Stürmer Pelé. Als Spieler wurde er dreimal Weltmeister (1958, 1962 und 1970). Das hat sonst noch niemand geschafft. In seiner gesamten Karriere schoss er 1.301 Tore.

CHARLY KÖRBEL

Charly Körbel ist der Rekordspieler der Bundesliga. Insgesamt hat er in 602 Spielen auf dem Platz gestanden. Und immer für denselben Verein: Körbel spielte nur für Eintracht Frankfurt.

ARCHIE THOMPSON

Der Name Archie Thompson ist sicherlich nur wenigen Fußballfans bekannt. Und das, obwohl der Australier einen spannenden Weltrekord hält: Mit 13 Toren schoss er die meisten Länderspieltreffer, die je ein Nationalspieler in nur einem Spiel erzielt hat.

PAOLO MALDINI

Eine Familie – über 1.000 Spiele für den AC Mailand. Paolo Maldini ist mit 647 Einsätzen der Rekordspieler des Vereins. Aber schon sein Vater Cesare Maldini spielte für den AC. Er bestritt 347 Spiele. Und seit einiger Zeit trägt die dritte Generation das Vereinstrikot: Paolos Sohn Daniel spielt ebenfalls für den AC Mailand und so hat die Familie Maldini nun insgesamt über 1.000 Spiele bestritten.

DINO ZOFF

Er ist der Nationaltorwart, der am längsten ohne Gegentor blieb. Dino Zoff hielt zwischen 1972 und 1974 genau 1.143 Minuten lang jeden Ball im Kasten der italienischen Nationalmannschaft. So lange gelang das einem einzelnen Torhüter seitdem nie wieder.

DZSENIFER MAROZSÁN

Erst 15 Jahre alt war Dzsenifer Marozsán, als sie ihr erstes Bundesligaspiel bestritt. Eigentlich spielte sie noch in der B-Jugend des 1. FC Saarbrücken, wurde dann aber im Spiel der Bundesligamannschaft eingewechselt. Mittlerweile wurde sie schon mehrmals Champions-League-Siegerin sowie Europameisterin und Olympiasiegerin mit der deutschen Nationalmannschaft.

YOUSSOUFA MOUKOKO

Youssoufa Moukoko hält viele Rekorde als jüngster Spieler: Kein Mann war jünger bei seinem ersten Bundesligaspiel. Nie hat ein jüngerer Spieler ein Bundesligator erzielt. Und auch in der Champions League spielte nie ein Spieler, der jünger war. Alle drei Rekorde stellte er im Alter von 16 Jahren auf.

ALI DAEI

Lange Zeit war Ali Daei der treffsicherste Nationalspieler der Welt. In 148 Spielen für den Iran erzielte er 108 Tore. Auch in der Bundesliga schoss er Tore: für Arminia Bielefeld, den FC Bayern München und Hertha BSC. Mittlerweile wurde er von Cristiano Ronaldo abgelöst. Der Portugiese hat noch mehr Länderspieltreffer erzielt.

3:

Echtes Leder: So sahen die Fußbälle aus, mit denen dein Urgroßvater gespielt hat.

DER BALL

Leicht und in buntem Design: So sehen heute fast alle Bälle aus.

»Das Geheimnis des Fußballs ist ja der Ball.«

Uwe Seeler, Fußball-Ikone,
ehemaliger Mittelstürmer des HSV,
erster Torschützenkönig der Bundesliga (1963/64)

Als »Uns Uwe«, wie er in Hamburg bis heute genannt wird, in den HSV eintrat, war er gerade mal zehn Jahre alt. Das war 1946. Bis 1970 gehörte Seeler der deutschen Nationalmannschaft an. In dieser Zeit veränderte sich der Ball: Aus dem »runden Leder«, das sich bei Nässe vollsog und noch schwerer wurde, wurde ein Kunststoffball entwickelt, der Wind und Wetter trotzte. Der Ball steht jedoch weiterhin auf dem Prüfstand, denn ohne ihn ginge auf dem Fußballplatz gar nichts. Ständig wird neues Material erprobt. Doch nicht nur das Material, die Größe und das Gewicht haben sich verändert, sondern auch das Design. Heute sind die Bälle knallbunt!

Uwe Seeler wurde dreimal zum Fußballer des Jahres gewählt: 1960, 1964 und 1970.

EVOLUTION:

DER BALL WANDELT SICH

Ein echter Fußball kann schon mal zwischen 80 und 120 Euro kosten. Fürs Kicken im Hinterhof reicht aber auch eine günstigere Variante. Hauptsache, der Ball ist gleichmäßig rund, nicht zu schwer und weder zu klein noch zu groß.

Als Menschen das erste Mal gegen einen Ball traten, war dieser vermutlich aus Kautschuk. Dieser Stoff ist gummiähnlich und wird aus der Rinde von Bäumen gewonnen. Zusammengerollt ergaben sich Bälle, mit denen die alten Völker Mexikos ein fußballähnliches Spiel spielten. In anderen Teilen der Erde, vor allem in Asien, wurden Federn oder Stoffreste mit Netzen zusammengebunden, um Bälle herzustellen.

VOM LEDER ZUM KUNSTSTOFF

In Europa entwickelte sich der Fußball um 1900 zu einer beliebten Sportart. Der Ball bestand aus einem Ballon, der von einer Außenhaut umhüllt war. Als Ballon wurden anfangs häufig Schweineblasen genutzt, die man aufpustete. Die Außenhaut bildeten zusammengenähte Lederstreifen. Diese Bälle waren relativ schwer und nicht besonders gleichförmig rund. Deshalb bestehen die modernen Bälle seit 1970 aus Kunststoff. Dieser lässt sich viel leichter formen und ist deutlich leichter.

KLEBEN STATT NÄHEN

Die Oberfläche eines klassischen Fußballs besteht aus 32 Einzelteilen: 12 Fünfecke und 20 Sechsecke werden dabei aneinandergenäht. Lange Zeit waren die Fünfecke schwarz, die Sechsecke weiß. Wer einen Fußball malt, malt ihn wahrscheinlich heute immer noch so. Dabei werden die modernen Bälle schon seit vielen Jahren nicht mehr genäht. Auch die Einzelteile haben sich verändert. Mittlerweile werden unterschiedlich geformte Kunststoffbahnen zusammengeklebt.

Antiker Kautschukball aus Mittelamerika

Antiker Cuju-Ball aus China, aus Stoffresten in Netzen zusammengebunden

Europäischer Lederball um 1900, mit Naht für die Schweinsblase

Klassischer schwarz-weißer Fußball, zusammengenäht aus 12 schwarzen Fünfecken und 20 weißen Sechsecken

DESIGN IST (FAST) ALLES

In der Bundesliga, in der Champions League und auch bei Weltmeisterschaften wird vor dem Start der Liga bzw. des Turniers festgelegt, mit welchem Ball alle Mannschaften spielen müssen. Dazu gestalten Designer regelmäßig neue Bälle in verschiedenen Farben und Mustern. Das klassische schwarz-weiße Muster findet sich heute eigentlich nicht mehr.

KINDERARBEIT?

Die meisten Fußbälle werden in weit entfernten Teilen der Welt hergestellt, beispielsweise in der Stadt Sialkot in Pakistan. Dort werden im Jahr bis zu 50 Millionen Fußbälle genäht. Leider gibt es darunter auch Fabriken, in denen Kinder arbeiten, statt in die Schule zu gehen. Offiziell ist Kinderarbeit in Pakistan verboten, doch die Behörden gehen zum Teil sehr nachlässig mit der Kontrolle dieser Vorschrift um. Weil es über die Bedingungen in den Fabriken immer wieder Berichte in den Medien gab, haben die großen Firmen mittlerweile reagiert. Zumindest die Hersteller der Profibälle arbeiten mit Kontrolleuren zusammen, die die Fabriken regelmäßig besuchen und so sicherstellen, dass Kinder zwar mit Fußbällen spielen können, sie aber nicht herstellen müssen.

Moderne Bälle – wie der »Brazuca« der WM 2014 in Brasilien – werden häufig nicht genäht, sondern geklebt. Sie bestehen aus verschiedenen Kunststoffen. Der äußeren Haut wird ein spezieller Schaum beigemischt, damit der Ball sich nicht mehr so hart anfühlt.

Jeder Turnierball bekommt einen besonderen Namen – so auch der Ball der WM 2006 in Deutschland: Er hieß »+Teamgeist«. Die Finalversion hebt sich jeweils etwas ab, hier durch goldene Flächen. Für jedes Turnierspiel werden die Bälle mit Datum, Ort und Gegnern bedruckt. In dieser Finalversion fehlen noch die Finalisten: *Italy–France*.

Die Spielbälle der Bundesligasaison 2021/2022 heißen »Brillant APS« und gehen zurück zu den Wurzeln: Sie sind zwar nicht schwarz-weiß, bestehen aber aus Fünf- und Sechsecken und wurden genäht.

Kinder kicken

Bälle für Erwachsene sind schwerer als die für Kinder. Mit den leichteren Bällen läuft das Spiel etwas einfacher. Und für Hallenfußball gibt es auch ganz spezielle Varianten: Dann sind die Bälle mit Filz überzogen, damit die Verletzungsgefahr für die Spieler geringer ist.

Früher waren Schienbeinschoner aus Leder und wurden mit Riemen festgebunden.

3:2
DER BALL

Auch die frühen Fußballschuhe aus Leder hatten bereits lange Noppen.

NIEMALS OHNE:

DIE AUSRÜSTUNG

Bei einem offiziellen Fußballspiel darfst du nicht einfach anziehen, was du möchtest. Auch wenn das Trikot kratzt oder die Fußballschuhe unbequem sind – für die Ausrüstung gibt es klare Regeln.

Die Fußballregeln schreiben genau vor, was Spieler tragen müssen, wenn sie an einem Spiel teilnehmen wollen. Das hat verschiedene Gründe. Vor allem sollen alle unter denselben Voraussetzungen spielen, außerdem müssen Schiedsrichter und Zuschauer die Teams auseinanderhalten können. Manche Regelungen sollen aber auch verhindern, dass sich Spieler verletzen.

SCHUHE

In den Fußballregeln ist festgehalten, dass du Schuhe tragen musst, wenn du Fußballspielen willst. Auf eine andere Idee wärst du wahrscheinlich eh nur am

Strand gekommen, aber: Sicher ist sicher. Fußballschuhe haben meistens spezielle Sohlen. Gumminoppen oder Stollen sollen verhindern, dass du den Halt verlierst und ausrutschst. Im Profifußball bestehen die Stollen manchmal sogar aus Metall. Die Spieler können sie vom Schuh abschrauben und wechseln. Sie variieren die Stollenlänge z. B. je nachdem, wie rutschig der Rasen ist. Diese Stollen dürfen übrigens keine scharfen Kanten haben, damit niemand im Spiel verletzt wird.

SCHIENBEINSCHONER UND STUTZEN

Beim Fußball wird häufig gegrätscht und nach dem Ball getreten. Damit deine Schienbeine und die deiner Mit- und Gegenspieler bestmöglich geschützt werden, müssen alle Schienbeinschoner tragen. Sie bestehen aus Kunststoff und werden mit Klettverschlüssen am Bein befestigt. Mit den Stutzen (langen, elastischen Strümpfen in den Teamfarben) werden sie fixiert. So können sie beim Laufen und Grätschen nicht so leicht verrutschen.

Für jeden Untergrund die passende Sohle: Mit Gumminoppen lässt sich gut auf einem Asche- oder Kunstrasenplatz spielen. Profispieler tragen Stollen auf Rasenplätzen. Und für Hallenfußball sollten die Schuhe eine glatte Sohle haben.

Ex-Profi Arjen Robben, Stürmer beim FC Bayern München (2009–2019) und Nationalspieler der Niederlande (2003–2017), in voller Wintermontur: Lange Hosen und Ärmel sind erlaubt, solange sie dieselbe Farbe wie das Trikot bzw. die kurzen Hosen haben.

HOSEN

In der Regel spielst du nur in einer langen Hose, wenn du der Torwart deiner Mannschaft bist. Die Hose schützt die Beine ein bisschen besser vor den harten Schüssen der gegnerischen Spieler. Alle Feldspieler laufen in kurzen Hosen auf, die selbstverständlich auch dieselbe Farbe haben müssen.

VON DER UNTERHOSE BIS ZUR MÜTZE

Selbst wenn es auf dem Fußballplatz kalt und ungemütlich wird, schreiben die offiziellen Regeln genau vor, welche Kleidung dann erlaubt ist. Mützen dürfen getragen werden, müssen aber eng am Kopf anliegen. Radlerhosen, lange Unterhosen und langärmelige T-Shirts unter dem Trikot sind erlaubt. Sie müssen allerdings dieselbe Farbe wie Trikot und Hose haben. Wer friert, darf auch Handschuhe anziehen.

DAS TRIKOT

Das Trikot ist viel mehr als nur Sportkleidung – es ist das Allerheiligste! Das gilt nicht nur im Profisport. Auch im Kinder-, Jugend- und Amateurfußball ist das Trikot der Inbegriff deiner Position: Es hat die Farben und den Namen deines Vereins, trägt deine Rückennummer und im besten Fall sogar deinen Namen. So weiß jeder, wer du bist und wofür du einstehst! Und du selbst kannst dich mit deinem Verein

Fußballprofis müssen sich nicht selbst um ihre Ausrüstung kümmern. Jeder Verein hat einen oder mehrere sogenannte **Zeugwarte**. Sie waschen nach dem Spiel die Trikots und putzen die Schuhe der Stars. Wenn die Fußballer dann das nächste Mal wieder in die Umkleidekabine kommen, liegt alles fein säuberlich bereit. Purer Luxus!

identifizieren. Anders als im Profisport, wo sich ein Zeugwart um die Sauberkeit der Trikots kümmert, musst du selbst dafür sorgen, dass es vor jedem Spiel frisch gewaschen ist. Aber genau das macht auch die Besonderheit aus. Dein Trikot ist eben kein x-beliebiges Kleidungsstück, bei dem es nicht so genau darauf ankommt, sondern etwas ganz Besonderes. Welche weiteren Besonderheiten es gibt, erfährst du auf den Folgeseiten.

AUSNAHME:
Nur die Torhüter dürfen eine Kopfbedeckung mit Schirm tragen, also z. B. eine Baseballkappe. So können sie sich gegen die blendende Sonne schützen. Bei Oliver Kahn war die Mütze fast schon ein Markenzeichen.

Als Iván Zamorano bei Inter Mailand nicht mehr seine Lieblingsnummer 9 bekam, wünschte er sich die 18. Zwischen die Ziffern ließ er ein Pluszeichen drucken und kam so mit einer kleinen Rechenaufgabe doch noch zu seinem Ziel.

DAS ALLERHEILIGSTE:

DAS TRIKOT

Das Trikot eines Vereins ist nicht nur für die Spieler, sondern auch für viele Fans eine Auszeichnung, zum Team und zum Verein gehören zu dürfen.

AUSWÄRTSTRIKOT

Jedes Team verfügt über verschiedene Trikotsätze. Das **Heimtrikot** ist häufig in den Vereinsfarben gehalten. Spielt die Mannschaft auswärts und das Trikot des Gegners hat eine ähnliche Farbe, müssen die Spieler das **Auswärtstrikot** anziehen. Setzen sich auch damit die Farben nicht genügend voneinander ab, haben die Bundesligamannschaften noch ein **Ausweichtrikot** im Spind. Zusammen mit dem Torwarttrikot müssen also für jede Profimannschaft pro Saison vier verschiedene Trikots kreiert werden. Mit dieser Auswahl kann der Verein sicher sein, immer eine Trikot-Lösung parat zu haben.

BEFLOCKUNG

Wenn die neuen Trikots aus der Fabrik kommen, fehlen häufig noch die Rückennummern sowie die Namen des jeweiligen Spielers. Dafür werden die Hemden in der Regel »beflockt«. Mitarbeiter des Vereins drucken dann mit einer speziellen Maschine, die wie ein großes Bügeleisen funktioniert, Name und Nummer aufs Trikot.

BESONDERE ANLÄSSE

Manche Vereine lassen pro Saison besondere Trikots anfertigen, mit denen sie dann nur ein oder zwei Spiele bestreiten. Der 1. FC Köln spielt beispielsweise in einem Karnevalstrikot. Zum Oktoberfest in München lässt der FC Bayern regelmäßig Trikots entwerfen, die an Lederhosen und Trachten erinnern. Manchmal werden die Trikots aber auch für wichtige Botschaften genutzt. Dann rufen die Mannschaften z. B. mit speziellen Aufdrucken auf den Shirts für Toleranz und Respekt untereinander auf.

DESIGN

Wie die Trikots eines Vereins aussehen, entwickeln Mode- und Designexperten. Die sind nicht beim Verein angestellt, sondern arbeiten für den Hersteller, der die Trikots produziert. Meistens finden sich die Vereinsfarben in den Trikots wieder. Ansonsten sind den Ideen keine Grenzen gesetzt: Vom einfarbigen Shirt bis zu wilden Grafiken geht alles.

DETAILS

Mittlerweile gibt es bei vielen Trikots mehrere kleine Details zu entdecken. Im Nacken kann ein Teil des Vereinslieds stehen. Teile der Ärmel können farblich abgesetzt sein. Oder im Muster auf der Brust lassen sich bei genauerem Hinsehen besondere Bilder erkennen. Bei bedeutenden Spielen wie z. B. einem WM-Finale oder im Endspiel des DFB-Pokals werden extra Datum, Paarung und Anlass der Partie auf die Trikots gedruckt.

MSV-Duisburg-Trikots der Saison 2019/2020, von links: Torwart, Ausweich-, Auswärts- und Heimtrikot

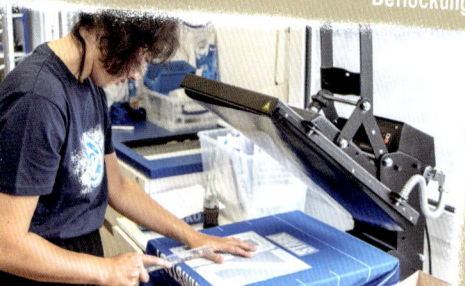

Beflockung

MATERIAL

Trikots werden aus einer speziellen Kunstfaser hergestellt, dem Polyester. Dadurch sollen sie besonders leicht sein. Außerdem geben viele Hersteller an, dass ihre Trikots »atmungsaktiv« seien. Das Material sorgt also dafür, dass der Schweiß der Spieler gut nach außen geleitet wird und umgekehrt frische Luft an den Körper dringen kann. Noch dazu sollen diese Trikots besonders einfach und mit wenig Aufwand zu waschen sein.

RÜCKENNUMMER

Die Rückennummer dient vor allem dem Schiedsrichter dazu, die Spieler voneinander unterscheiden zu können. Wenn er z. B. eine Gelbe Karte zeigt, braucht er sich nicht den Namen des Spielers zu merken, sondern notiert sich die Rückennummer. Deshalb wird vor einer Saison genau festgelegt, welcher Spieler welche Nummer bekommt. Er behält sie die gesamte Spielzeit über. Die Zahlen haben aber auch einen hohen symbolischen Wert. Viele Kicker haben nämlich eine Lieblingsnummer. Manche sind so abergläubisch, dass sie meinen, nur mit der einen Trikotnummer gut spielen zu können. Deshalb kann es bei der Auswahl schon einmal zum Streit kommen.

Die 10 wird meist von den kreativen Mittelfeldstrategen getragen und gilt als beste Rückennummer, die ein Spieler bekommen kann. Viele große Spieler tragen sie auf dem Rücken, z. B. Neymar und Messi. Letzterer übernahm sie in der Nationalmannschaft Argentiniens vom wahrscheinlich besten Fußballer aller Zeiten: Diego Maradona.

SPONSOREN-LOGOS

Nicht zu übersehen und häufig größer als das Vereinswappen sind die Sponsorenschriftzüge auf der Brust der Trikots. Firmen zahlen sehr viel Geld dafür, dass die Spieler mit ihrem Logo auf dem Spielfeld unterwegs sind. Denn so erreichen die Unternehmen viele potenzielle Kunden. Schließlich werden die Spiele der Profis im Fernsehen übertragen und auch auf den Fotos im Internet und in Zeitungen sind die Werbehinweise immer gut zu sehen.

VEREINSWAPPEN

Das Wappen prangt bei fast allen Trikots auf der linken Seite. Spieler tragen das Zeichen des Vereins also über dem Herzen. Anders als Rückennummer und Spielername sind Wappen in der Regel auf das Trikot genäht oder gestickt. Hat ein Verein besonders viele Titel gesammelt, wird das mit kleinen goldenen Sternen über dem Wappen gekennzeichnet. In der Bundesliga gibt es

Oben: Werder Bremen zeigt auf einer Sonderanfertigung »klare Kante gegen Rassismus« – wie auch viele andere Clubs der Profiligen. Rechts: Das FC-Bayern-München-Wiesn-Trikot 2021: Im Nacken prangt ein goldenes Edelweiß.

den ersten Stern für drei gewonnene Meisterschaften, den zweiten für fünf, den dritten für zehn und den vierten für 20. Bei Weltmeisterschaften bringt jeder Titelgewinn einen Stern.

Seit der Saison 2021/2022 trägt der FC Bayern München einen fünften Stern über dem Wappen – für 33 gewonnene Meisterschaften in der Bundesliga.

4:

Fußballähnliche Spiele wie z. B. das japanische »Kemari« gab es schon vor Jahrtausenden.

DER ANPFIFF

»Abseits ist, wenn der Schiedsrichter pfeift!«

Franz Beckenbauer, ehemaliger deutscher Bundestrainer

Die Abseitsregel gilt bei vielen Fußfallfans als schwierigste aller Fußballregeln. Sie ist auch wirklich etwas kompliziert. Wenn man es sich leicht machen will, nutzt man einfach das Zitat von Franz Beckenbauer. Das stimmt immer! Abseits ist tatsächlich erst dann, »wenn der Schiedsrichter pfeift«. Die Entscheidung trifft dieser aber natürlich nicht einfach so. Die Abseitsregel ist eine der 17 Fußballregeln. Diese wurden offiziell vor etwa 160 Jahren in England festgelegt. Fußballähnliche Spiele gab es aber schon sehr viel früher. Die Geschichte des Fußballs beginnt vor mehreren Jahrtausenden – und keiner weiß, wo genau der Ursprung liegt.

Heute nutzen die Schiedsrichter moderne Technik. Die Grundregeln des Fußballs sind aber immer noch dieselben wie vor 100 Jahren.

Traditionelles Spiel als Show-Einlage 2006: Beim »Pok-ta-Pok« muss der Ball durch einen Steinring befördert werden.

WELTWEIT:

DER ANFANG DES FUSSBALLS

Dass ein Mensch das erste Mal gegen einen Ball getreten hat, ist schon viele tausend Jahre her. Mit dem Fußball, den du heute mit deinen Freunden spielst, hatte das allerdings noch nicht viel zu tun.

Woher das Fußballspiel kommt und welche Nation es sich wann ausgedacht hat, kann niemand mit hundertprozentiger Gewissheit sagen. Denn seine Geschichte hat viele unterschiedliche Ausgangspunkte. Urformen des Sports finden sich auf dem amerikanischen Kontinent genauso wie in Asien. So haben Archäologen bei Ausgrabungen immer wieder Hinweise dafür gefunden, dass schon vor ungefähr 3.000 Jahren gekickt wurde.

FUSSBALL IN MITTELAMERIKA

Eines der ersten fußballähnlichen Spiele erfand vor ungefähr 3.000 Jahren das Volk der Olmeken. Sie lebten in Mittelamerika, dort wo sich heute Mexiko befindet. Beim sogenannten »Pok-ta-Pok« musste ein kleiner Kautschukball durch einen Steinring befördert werden. Dabei war es erlaubt, den Ball mit dem Fuß, aber auch mit der Hand zu spielen.

FUSSBALL IN ASIEN

Auch in Asien finden sich Wurzeln des heutigen Fußballs. Neben China nennen Forscher vor allem Japan, wenn es um die Anfänge asiatischen Fußballs geht. Dort wurde seit dem 7. Jahrhundert das sogenannte »Kemari« gespielt. Es erinnerte allerdings eher an eine Geschicklichkeitsübung: Die Spieler versuchten gemeinsam, sich einen kleinen Ball so häufig wie möglich zuzuspielen – ohne ihn auf den Boden fallen zu lassen.

Beim Kemari war vor allem Geschicklichkeit gefragt. Das Spiel wird auch heute noch traditionell gespielt.

Beim »Cuju« musste der Ball bereits durch ein Netz befördert werden – also schon ein bisschen so wie bei heutigen Fußballtoren.

FANWISSEN

Der Weltfußballverband hat sich festgelegt: 2004 verkündete die FIFA offiziell, dass sie den Ursprung des Fußballs im chinesischen **Cuju** sieht. Bei diesem Spiel traten zwei Mannschaften gegeneinander an und spielten mit einem mit Federn gefüllten Ball. Wahrscheinlich war dies also die erste Spielvariante, bei der es weniger um Akrobatik und mehr um Mannschaftssport ging. Cuju soll ab dem 3. Jahrhundert vor Christus gespielt worden sein.

FUSSBALL IN EUROPA

In Europa wurden die ersten fußballähnlichen Spiele von Römern (den Vorfahren der heutigen Italiener) und Griechen gespielt. Vor gut 2.000 Jahren traten in beiden Reichen Mannschaften gegeneinander an, um sich sportlich fit zu halten und für kriegerische Schlachten zu trainieren. Die Griechen nannten das Spiel »Harpaston«, was so viel wie »schnelles Wegnehmen« bedeutet und das Ziel des Spiels gut erklärt: Der Ball musste dem Gegner weggenommen werden, um ihn hinter die Ziellinie zu bringen.

CALCIO

In der italienischen Stadt Florenz wurde schon im 15. Jahrhundert »Calcio« gespielt. Dabei ging es in der Regel extrem brutal zu: Die Spieler durften stoßen, schubsen und sich sogar gegenseitig treten, um an den Ball zu kommen. Auch heute noch wird diese ursprüngliche Art des Fußballs ausgetragen. Sie wird aber nur von sehr wenigen Männern gespielt, denn natürlich hat sich auch in Italien aus dem historischen »Calcio« der moderne Fußball entwickelt.

Jedes Jahr im Juni findet in Florenz das traditionelle Turnier »Calcio storico« (historischer Fußball) statt. Die Spieler treten in mittelalterlichen Kostümen an und liefern sich eine brutale Schlammschlacht. Ein Spiel dauert 50 Minuten und wird nur unterbrochen, wenn Sanitäter benötigt werden.

DAS MITTELALTER

Im Mittelalter wurde Fußball in ganz Europa häufig von Mannschaften aus verschiedenen Dörfern gegeneinander gespielt. Zu dieser Zeit hatten viele Dörfer und Städte eine Mauer zum Schutz gegen Angriffe. Bei den Fußballspielen war es das Ziel, den Ball durch das Stadttor des jeweiligen Gegners zu befördern. Ähnlich wie beim »Calcio« war auch diese Art des Fußballs sehr brutal. Es gab noch keine klaren Regeln, weshalb die Spiele häufig in Schlägereien endeten. Aus diesem Grund war das Spiel vor allem in England häufig verboten.

ENGLAND:

MUTTERLAND DES FUSSBALLS

Auch wenn in Asien und Mittelamerika schon viel früher Bälle gekickt wurden – der Grundstein für den modernen Fußball wurde in England gelegt. Dort entstand das Spiel, das wir alle aus den Stadien und vom Bolzplatz kennen.

Für ein Fußballspiel, das allen Beteiligten Spaß macht, braucht es gemeinsame Regeln. Sonst würden alle durcheinanderrennen und es gäbe kein Spielergebnis, auf das sich alle einigen können. Die ersten richtigen und ausführlichen Fußballregeln wurden 1848 an der englischen Universität Cambridge ausgedacht und niedergeschrieben. Studenten und Professoren arbeiteten gemeinsam an diesem Regelwerk, nach dem sich von da an alle richten sollten.

BRUDER RUGBY

Diese ersten Regeln erlaubten es noch, den Ball nicht nur mit dem Fuß, sondern auch mit den Händen zu spielen. 1863, also 15 Jahre nach Festlegung der ersten Regeln, kam es zum Streit unter den Studenten: Die einen wollten nur noch mit dem Fuß spielen, die anderen auch das Tragen und Werfen des Balls weiterhin erlauben. Und so wurde die Spaltung in zwei verschiedene Sportarten beschlossen: Beim

Rugby darf der Ball auch heute noch mit der Hand gespielt werden – im Fußball wird er ausschließlich mit dem Fuß gekickt.

REGELN FÜR DIE EWIGKEIT

Heute gibt es im Fußball zwar immer wieder kleinere Regeländerungen oder die Einführung von neuen Technologien. Die grundsätzlichen Regeln sind aber seit 1863 dieselben geblieben. Damals war z. B. schon festgelegt, dass es zwei Mannschaften geben soll, die Tore erzielen müssen. Die Größe der Tore hat sich seitdem nicht verändert. Treten und Schlagen wurde durch die ersten Regeln verboten und auch bereits eine Form der Abseitsregel eingeführt.

Rugbyspiel in England um 1900

Anfangs wurde Fußball vor allem von gut gebildeten Menschen gespielt – etwa von Studenten und Lehrern an den Universitäten (hier Oxford gegen Cambridge, um 1900).

Ein Fußballtor ist exakt 7, 32 Meter breit und 2,44 Meter hoch. Diese krummen Werte kommen daher, dass die Regeln in England festgelegt wurden. Dort misst man in Fuß und Yard. Demnach soll das Tor 8 Fuß hoch und 8 Yard breit sein. 1 Fuß entspricht 30,48 Zentimetern, ein Yard sind 3 Fuß. Das Verhältnis von Höhe zu Breite soll also 1:3 sein.

Das allererste Fußballländerspiel der Welt war kein sportlicher Leckerbissen: 1872 trat ein englisches gegen ein schottisches Team an. Das Spiel endete allerdings torlos.

INTERNATIONAL FOOT-BALL MATCH,
(ASSOCIATION RULES,)
ENGLAND v. SCOTLAND,
WEST OF SCOTLAND CRICKET GROUND,
Hamilton Crescent, Partick,
SATURDAY, 30th November, 1872, at 2 p.m.
ADMISSION—ONE SHILLING.

VERBANDSGRÜNDUNG

Gemeinsam mit den Fußballregeln wurde 1863 auch der englische Fußballverband gegründet, die *Football Association* (kurz FA). Er ist damit der älteste der Welt. In der FA organisierten sich die Universitäten und auch erste Vereine, in denen in England Fußball gespielt wurde. Sie arbeitete weiterhin die Regeln aus und vereinbarte erste offizielle Fußballspiele.

EXPORTSCHLAGER FUSSBALL

Von den englischen Universitäten aus verbreitete sich der Fußball rasend schnell im ganzen Land. Überall wurde Fußball gespielt oder geschaut, England wurde zum Fußballland. Diese Begeisterung schwappte bald von Großbritannien auf andere Teile der Welt über. Reisende aus Festlandeuropa, aber auch von anderen Kontinenten schauten sich das Spiel ab oder brachten Fußbälle mit in ihre Heimat. So wurde das Spiel auch in vielen anderen Teilen der Welt zum Volkssport.

DIE VIER WEISEN

Die offiziellen Fußballregeln, die auf der ganzen Welt gelten, werden nach wie vor hauptsächlich von Großbritannien bestimmt. 1882 trafen sich Vertreter der Fußballverbände aus England, Wales, Schottland und dem damaligen Irland (heute gehört nur noch Nordirland dazu), um das *International Football Association Board* (IFAB) zu gründen (»Internationaler Ausschuss der Fußballverbände«). Dieser legte gemeinsame Fußballregeln fest und macht das noch heute. Mittlerweile hat auch der Weltverband FIFA vier Stimmen, um Änderungen der Fußballregeln zuzustimmen oder sie abzulehnen. Die FIFA vertritt aktuell 211 nationale Mitgliedsverbände, zu denen übrigens auch die vier Verbände Großbritanniens zählen. Die Briten haben also immer noch den größten Einfluss auf die Fußballregeln.

Kinder kicken

Im englischen Kinder- und Jugendfußball gibt es seit kurzer Zeit eine neue Regel: Kinder- und Jugendmannschaften dürfen keine Kopfbälle mehr trainieren. Mediziner sagen nämlich, dass durch das häufige Köpfen des Balls Schäden am Gehirn entstehen können. Und das will der englische Fußballverband verhindern.

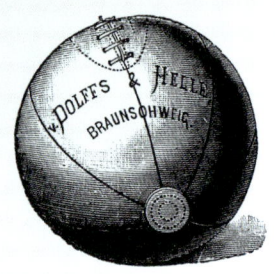

DEUTSCHLAND:

DER FUSSBALL KOMMT AN

Fußball ist die Sportart Nummer eins in Deutschland: Keine andere sportliche Aktivität wird bei uns von mehr Kindern, Frauen und Männern betrieben, keine andere Sportart von mehr Menschen im Stadion oder im Fernsehen angesehen.

Gegen Ende des 19. Jahrhunderts kam der Fußball nach Deutschland. Damals wurde Sport hauptsächlich an Schulen und Universitäten betrieben. In Vereinen wurde in der Regel geturnt, Ballsportarten und Mannschaftssport waren noch nicht so verbreitet wie heute. Deshalb ist es nicht verwunderlich, dass Fußball in Deutschland das erste Mal an einer Schule gespielt wurde.

DER VATER DES FUSSBALLS

Für das erste Fußballspiel in Deutschland ist ein Lehrer verantwortlich, der sich eigentlich vor allem gut mit Sprachen auskannte. Konrad Koch lehrte an einem Gymnasium in Braunschweig Deutsch, Griechisch und Latein. Neben dem Unterrichtsstoff suchte er aber auch immer nach Ideen, wie er seine Schüler zu Bewegung und Aktivität motivieren konnte. 1874 brachte ihm ein befreundeter Lehrer einen Lederfußball aus England mit. Koch war sofort begeistert von dem neuen Spiel und ließ seine Schüler in jeder freien Minute vor der Schule kicken.

DER FUSSBALLKAISER

Da Fußball zu diesem Zeitpunkt nur in England bekannt war, gab es die Regeln nur auf Englisch. Konrad Koch machte sich daran, sie ins Deutsche zu übersetzen und für seine Schüler anzupassen. Einige der Regeln haben sich bis heute gehalten: Eine Partie wurde schon damals in zwei Spielhälften mit Halbzeitpause geteilt, es konnte einen Strafstoß geben und Spieler konnten im Abseits stehen. Allerdings war es durch diese ersten Regeln auch noch erlaubt, den Ball mit der Hand zu spielen. Und um einen Treffer zu erzielen, musste er nicht in ein Tor, sondern wie beim Rugby über eine Torstange geschossen werden. Über all diese Regeln wachte zu Beginn kein Schiedsrichter. Koch hatte sich vielmehr den Begriff des »Fußballkaisers« ausgedacht. Damit war je ein Spieler jeder Mannschaft gemeint, der dafür zu sorgen hatte, dass sich alle Spieler seines Teams sportlich fair an die Regeln hielten.

Er kann als »Vater des Fußballs« in Deutschland bezeichnet werden: Konrad Koch.

Hier soll der Überlieferung nach 1874 das erste richtige Fußball-spiel auf deutschem Boden stattgefunden haben: auf dem »Kleinen Exer« in Braunschweig.

ÜBERALL AUF DEM STUNDENPLAN

Die Schüler am Braunschweiger Gymnasium waren begeistert von der neuen Sportart. Viele Lehrer und vor allem die Turner konnten mit dem Fußball zwar wenig anfangen, aber trotzdem verbreitete er sich rasend schnell von einer Schule zur nächsten, sodass bald in weiten Teilen Deutschlands gekickt wurde. Innerhalb von zehn Jahren wurden die ersten Vereine gegründet und längst schon spielten nicht mehr nur Schüler Fußball. Auch bei den Erwachsenen war die Begeisterung groß. Der einstige Schulsport machte sich daran, zum Lieblingssport in Deutschland zu werden.

»Fußball-Käfige« im Berliner Wedding (rechts, hier hat Kevin-Prince Boateng geübt!) und in Chemnitz (unten).

DIE ERSTEN FUSSBALLVEREINE

So mancher Club behauptet von sich, der älteste reine Fußballverein Deutschlands zu sein – so auch der Hamburger SV. Er ging jedoch aus einem Zusammenschluss verschiedener Vereine hervor und wurde offiziell erst 1919 gegründet. Sein Vorgänger, der SC Gemania, entstand aber tatsächlich bereits 1887, also ein Jahr vor dem Berliner Fußball-Club Germania 1888, der als ältester noch existierender Fußballclub Deutschlands gilt. Auch der offiziell älteste Verein der deutschen Profiligen stammt aus Berlin: Hertha BSC, von den Berlinern auch »Alte Dame« genannt. Gegründet wurde er 1892 von zwei Brüderpaaren. Der Name »Hertha« war von einem Ausflugsdampfer inspiriert, den es noch heute gibt, der aber erst 2002 feierlich seinen ursprünglichen Namen zurückbekam. Zuvor war er über 50 Jahre lang unter anderem Namen herumgeschippert.

HERTHA
GRÜNDUNGSSCHIFF VON HERTHA BSC

Kinder kicken

In deutschen Städten gibt es sie in vielen Vierteln: »Fußball-Käfige«. Auf diesen Bolzplätzen läuft ein Spiel ein bisschen anders als auf einem Fußballrasen. Dabei ist der größte Unterschied, dass der Ball nicht ins Aus geht. Er springt immer wieder vom Zaun zurück. Dadurch wird das Spiel viel schneller als auf einem Rasenplatz.

Wird ein Spieler getreten oder bei einer Grätsche getroffen, gibt es einen direkten Freistoß.

ERLAUBT ODER NICHT?

DIE FUSSBALLREGELN

Abstiegskampf, hochklassiges Topspiel oder Favoritensieg mit vielen Toren – jedes Spiel verläuft anders. Und doch haben sie 17 Dinge gemeinsam: die Fußballregeln. Darin ist genau festgelegt, was erlaubt ist.

Wenn es Änderungen im Regelwerk geben soll, werden diese vom *International Football Association Board* (IFAB) erstellt und dann dem Fußballweltverband (FIFA) vorgegeben. Der schickt sie weiter an die UEFA, den europäischen Verband, und von dort gelangen sie u. a. an den Deutschen Fußball-Bund (DFB). Der DFB informiert alle deutschen Vereine und schult die Schiedsrichter, die von den Amateurligen bis zur Bundesliga im Prinzip alle nach denselben Regeln pfeifen.

DAS REGELBUCH

Jedes Jahr veröffentlicht der DFB das aktuelle Regelbuch. Darin sind die Vorgaben zu den 17 Fußballregeln enthalten. Tatsächlich sind grundlegende Änderungen extrem selten, vielmehr werden eher Feinheiten verändert. Beispielsweise bleibt Handspiel grundsätzlich verboten. Aber was genau als strafbares Handspiel gewertet wird, das kann sich durchaus ändern. So durfte eine Zeit lang der Ball noch mit dem Oberarm gespielt werden, mittlerweile nur noch höchstens mit der Schulter.

ANSTOSS

Wer den Anstoß bekommt, wird durch Münzwurf entschieden. Dafür kommen die Kapitäne beider Teams vor dem Spiel mit dem Schiedsrichter zusammen. Der Sieger kann entweder den Anstoß wählen oder die Spielfeldhälfte aussuchen. Der Verlierer hat die andere Option.

ABSTOSS

Geht der Ball über die Torlinie ins Aus, ist die entscheidende Frage, wer ihn zuletzt berührt hat. War es ein angreifender Spieler, gibt es einen Abstoß aus dem Torraum. Er kann vom Torwart oder einem anderen Spieler ausgeführt werden.

ECKSTOSS

Hat das verteidigende Team den Ball neben oder über das eigene Tor gespielt (oder ihn zuletzt berührt), gibt es einen Eckstoß für die Angreifer. Dabei muss der Ball im oder auf dem Viertelkreis rund um die Eckfahne liegen.

REGELN 1–7: DAS GRUNDSÄTZLICHE

Die ersten Regeln des Regelbuchs halten fest, welche Bedingungen gegeben sein müssen, damit ein Fußballspiel ordnungsgemäß durchgeführt werden kann: Das Spielfeld darf beispielsweise maximal 120 Meter lang sein. Der Ball muss einen Umfang von 68–70 Zentimetern haben. Und jede Mannschaft braucht zehn Feldspieler und einen Torwart.

REGELN 8–10: WIE DER BALL INS TOR GELANGT

In diesem Abschnitt geht es um die genaue Position des Balls. Durch Anstoß am Mittelpunkt wird er ins Spiel gebracht. Geht er über die lange Seite des Spielfelds ins Aus, gibt es einen Einwurf. Fliegt er neben oder über das Tor, pfeift der Schiedsrichter Ab- bzw. Eckstoß. Und ein Treffer zählt nur dann, wenn der Ball die Torlinie vollständig überquert hat.

REGELN 11–12: WAS NICHT ERLAUBT IST

In zwei Regelabschnitten wird ganz konkret beschrieben, was Spieler auf dem Feld nicht tun dürfen. Festhalten, treten und schlagen sind genauso verboten wie spucken oder beleidigen. Steht ein Spieler im Abseits, darf er den Ball nicht berühren. Sonst gibt es auch dafür einen Freistoß für die gegnerische Mannschaft.

REGELN 13–17: WIE DAS SPIEL FORTGESETZT WIRD

Hat der Schiedsrichter einen Regelverstoß bemerkt und gepfiffen, muss das Spiel ja irgendwie fortgesetzt werden. Wie genau, damit beschäftigen sich die letzten Regeln im Buch. Wird ein Angreifer beispielsweise innerhalb des Strafraums gefoult, gibt es einen Strafstoß. Bei Abstoß vom Tor muss der Ball aus dem Torraum rund um das Tor herausgespielt werden. Und nach einem Abseits gibt es einen indirekten Freistoß.

FANWISSEN

Die Abseitsregel gilt als die komplizierteste Regel des Fußballs. Dabei ist sie für ein schönes und ausgeglichenes Spiel so wichtig! Sie soll verhindern, dass die Stürmer einfach vor dem gegnerischen Tor auf Pässe warten, und dem Spiel Dynamik und Abwechslung verleihen. Auch deshalb gab es bereits 1863 eine frühe Form des Abseits. Damals war die Regel sogar noch strenger als heute. Der Ball durfte nur zu Spielern gepasst werden, die sich nicht vor dem Ball befanden. Pässe waren also nur seitlich oder nach hinten erlaubt.

ABSEITS

Die Abseitsregel besagt, dass sich ein Spieler in der gegnerischen Spielhälfte nicht näher an der Torlinie befinden darf als der Ball und als der vorletzte Gegenspieler – zumindest dann nicht, wenn ihm der Ball von einem Mitspieler zugepasst wird. Steht er zwar dort, greift aber nicht ins Spielgeschehen ein, nennt man das »passives Abseits«. Entscheidend für eine Abseitsstellung ist der Moment der Ballabgabe.

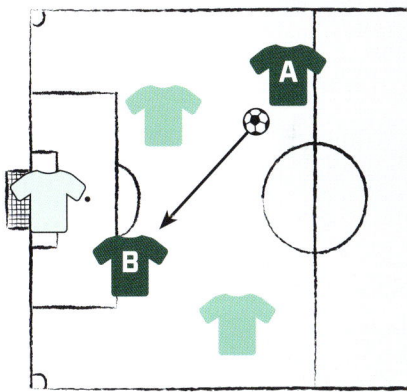

ABSEITS: Der angreifende Spieler B bekommt den Ball zugepasst. Im Moment der Ballabgabe von Spieler A hat er nur noch einen Gegenspieler (den Torwart) zwischen sich und dem Tor.

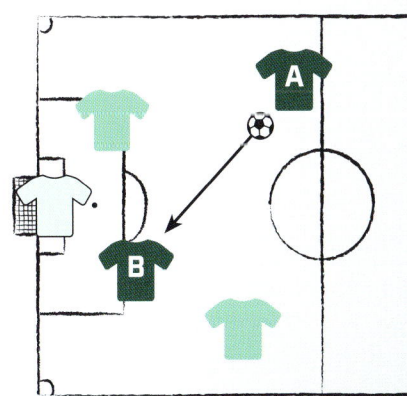

KEIN ABSEITS: Im Moment der Ballabgabe von Spieler A steht zwischen zwischen dem angespielten Angreifer B und dem Torwart noch ein weiterer Verteidiger.

Griffbereit: Die Rote Karte steckt häufig in der Hosentasche ...

... die Gelbe Karte wird meist in der Brusttasche verstaut.

GELB, ROT, ELFMETER:

DIE STRAFEN

direkter Freistoß

indirekter Freistoß

Begeht ein Spieler ein Foul, spielt den Ball mit der Hand oder verhält sich unsportlich, kann der Schiedsrichter zwei Arten von Strafen verhängen: eine Spielstrafe und eine persönliche Strafe.

Mit dem Begriff Spielstrafe ist die Entscheidung gemeint, wie das Spiel nach einem Vergehen fortgesetzt wird. Wenn der Schiedsrichter gepfiffen und das Spiel unterbrochen hat, muss es ja anschließend irgendwie weitergehen. Deshalb ist in den Regeln genau festgelegt, wann es welche Spielstrafe gibt: Entweder folgt ein Einwurf oder Eckstoß. Oder eine Mannschaft bekommt einen Frei- oder Strafstoß zugesprochen.

FREISTOSS: DIREKT ODER INDIREKT

Bei Freistößen gibt es die Unterscheidung zwischen direkten Freistößen und indirekten. Ein direkter Freistoß wird z. B. nach einem Foulspiel gepfiffen. Er darf direkt aufs gegnerische Tor geschossen werden. Einen indirekten Freistoß gibt es z. B. bei Abseits. Wird dieser aufs Tor geschossen, muss zuerst noch ein zweiter Spieler den Ball berühren, damit der Treffer zählt. Indirekte Freistöße zeigt der Schiedsrichter an, indem er einen Arm senkrecht nach oben hebt. Bei einem direkten Freistoß zeigt er mit ausgestrecktem Arm in die Richtung des Tors, auf das die gefoulte Mannschaft spielt.

Die Mauer aus Spielern springt häufig hoch, um den Freistoß abzuwehren. Manchmal legen sich einzelne auch wie eine Schranke dahinter, um das Tor vor flach geschossenen Bällen zu schützen.

STRAFTOSS (ELFMETER)

Wird ein Angreifer im gegnerischen Strafraum gefoult oder kommt es zu einem Handspiel, müsste es eigentlich einen direkten Freistoß geben. Bei solchen Vergehen im Strafraum wird aus dem Freistoß allerdings ein Strafstoß. Er muss von der Strafstoßmarkierung aus geschossen werden. Sie befindet sich elf Meter vom Tor entfernt, weswegen der Strafstoß häufig auch als »Elfmeter« bezeichnet wird.

43 Sekunden dauerte es, bis der damalige Eintracht-Frankfurt-Spieler Marcel Titsch-Rivero im Spiel gegen Borussia Dortmund 2011 Rot sah – der schnellste Platzverweis der Bundesligageschichte.

STRAFSTOSSAUSFÜHRUNG

Die Abwehrspieler müssen sich bei einem Strafstoß hinter dem Ball, außerhalb des Strafraums und mindestens 9,15 Meter entfernt vom Ball befinden. Der Torwart ist also bei der Abwehr des Strafstoßes auf sich allein gestellt. Er darf sich nur auf der Tor-linie bewegen, bis der Ball geschossen wurde. Aber auch für den Schützen gibt es Regeln: Der Anlauf kann zwar langsam sein, darf aber nicht unterbrochen werden. Außerdem sind unsportliche Ablenkungs-manöver verboten.

SCHIEDSRICHTERBALL

Wenn der Schiedsrichter das Spiel unterbrechen muss, obwohl kein Spieler ein Vergehen begangen hat, wird die Partie mit einem Schiedsrichterball fortgeführt. Das passiert z. B. wenn der Ball kaputt-geht oder ein Zuschauer aufs Spielfeld läuft. Dann lässt der Schiedsrichter den Ball aus der Luft fallen. Berühren darf ihn dann nur ein Spieler der Mann-schaft, die den Ball zuletzt gespielt hat.

Erling Haaland platziert den Ball auf dem Elfmeterpunkt.

GELBE UND ROTE KARTE

Spieler können auch persönliche Strafen erhalten: die Verwarnungen und Feldverweise. Für Trikot-Ziehen, absichtliches Handspiel oder Fouls spricht der Schiedsrichter gegen den Spieler eine Verwar-nung aus. Er sagt ihm also praktisch, dass er sich so nicht weiter verhalten darf, weil er sonst vom Spiel ausgeschlossen wird. Diese Verwar-nung wird durch das Zeigen der Gelben Karte verdeutlicht. Schlägt ein Spieler einen anderen oder beleidigt den Schieds-richter, darf er nicht mehr am Spiel teilnehmen. Dann wird ihm die Rote Karte gezeigt und er muss das Feld verlassen.

Auf die zweite Gelbe Karte, die ein Spieler in einem Spiel erhält, folgt direkt die Rote. Dafür hält der Schiedsrichter zuerst die Gelbe Karte hoch und zieht danach die Rote. Diese Gelb-Rote Karte gibt es erst seit 1991.

Kinder kicken

Bei Spielen von Kindern und Jugendlichen gibt es anders als bei den Erwachsenen keine Gelb-Rote Karte. Wenn ein Spieler schon eine Gelbe Karte erhalten hat und ein weiteres Foul begeht, für das er ei-gentlich einen Platzverweis bekäme, erhält er stattdessen eine Zeitstrafe. Nach fünf Minuten auf der Bank darf er wieder am Spiel teilnehmen.

EINSATZ MIT PFIFF:

DIE SCHIEDSRICHTER

Ein Strafstoß in letzter Minute, eine Rote Karte gegen den Mittelfeldstar oder der Ausgleichstreffer, der wegen Abseits nicht gegeben wird. Schiedsrichter stehen manchmal aufgrund ihrer Entscheidungen im Fokus der Spieler und Fans.

»Wenn nach dem Spiel niemand über dich redet, hast du ein gutes Spiel gemacht.« Dieser beliebte Spruch unter Schiedsrichtern zeigt ganz gut, worauf es bei der Spielleitung eigentlich ankommt. Schiedsrichter sollten nicht im Mittelpunkt stehen und die Aufmerksamkeit auf sich ziehen, sondern das Fußballspiel unparteiisch und gelassen leiten. Wenn nach dem Spiel niemand über sie redet – sich also auch nicht beschwert –, haben sie ihren Job in der Regel ausgeglichen und gut gemacht.

AUSGLEICH AN DER PFEIFE

Um ein guter und respektierter Schiedsrichter zu sein, kommt es auf die richtige Mischung an: Natürlich müssen Schiedsrichter alle 17 Fußballregeln durchsetzen. Dabei dürfen sie aber auch nicht zu streng sein und nicht jedes kleinste Vergehen abpfeifen, damit überhaupt ein ordentliches Spiel zustande kommt. Gegenüber einem Schiedsrichter, der zu locker über den Platz läuft und zu viel durchgehen lässt, verlieren die Spieler aber auch schnell den Respekt. Die Spielleiter brauchen Fingerspitzengefühl, sie müssen genau spüren, wann sie am besten sehr streng sein sollten und wann sie auch mal über ein Vergehen hinwegsehen können.

UNTERSTÜTZUNG AN DER PFEIFE

Auf dem Platz läuft der Schiedsrichter allein. Ab einer gewissen Spielklasse, je nach Landesverband meist ab der 6. oder 7. Liga, bekommt er allerdings Unterstützung von außerhalb. Dann steht auf jeder Seite des Felds ein Schiedsrichterassistent. Diese haben vor allem die Aufgabe, Abseits und Einwürfe anzuzeigen.

Wichtig: Der Unparteiische darf nicht zu verkrampft sein und sollte auch mal einen Scherz mit den Spielern machen.

Manuel Gräfe, DFB-Schiedsrichter des Jahres 2011

Im Profifußball sind Schiedsrichter als eigene kleine Mannschaft im Einsatz: der Hauptschiedsrichter, zwei Schiedsrichterassistenten und der »4. Offizielle«. Dazu kommen die Videoschiedrichter.

Im Profifußball gibt es zusätzlich noch den sogenannten »4. Offiziellen«, der zwischen den Trainerbänken steht. Er achtet hauptsächlich darauf, dass sich die Trainer sportlich fair verhalten, und notiert Auswechslungen der Spieler. Die Videoschiedrichter wiederum beobachten das Spiel am Bildschirm und greifen ein, wenn der Hauptschiedsrichter auf dem Feld einen groben Fehler gemacht hat.

AUSBILDUNG AN DER PFEIFE

Hast du selbst Lust, Schiedsrichter zu werden? Dazu musst du einen Lehrgang des DFB besuchen und dich in mehreren Seminaren ausbilden lassen. Dann erfährst du alles über die Fußballregeln, bekommst aber auch Schulungen zur Körpersprache oder zur richtigen Kommunikation mit den Spielern. Am Ende des Lehrgangs gibt es einen Regel-Test, bei dem du dein Wissen beweisen musst. Bei einem Praxis-Test musst du zeigen, wie fit du bist. Nur wer alle Regeln kennt und genügend Luft für ein ganzes Spiel hat, bekommt den Schiedsrichter-Schein.

Wie die Spieler müssen sich auch die Schiedsrichter vor jedem Spiel aufwärmen.

AUFSTIEG AN DER PFEIFE

Nicht nur Fußballspieler träumen von der Bundesliga, auch viele Schiedsrichter möchten einmal in der obersten Klasse pfeifen. Und genauso wie Fußballmannschaften können auch sie auf- und absteigen. Die größten Schiedsrichtertalente werden bei ihren Spielen von erfahrenen Ausbildern beobachtet und bekommen Noten für ihre Spielleitung. Am Ende der Saison gibt es auch bei den Schiedsrichtern eine Tabelle, die darüber entscheidet, wer im kommenden Jahr eine Liga höher pfeifen darf.

Manchmal müssen Schiedsrichterinnen und Schiedsrichter streng sein, um die Regeln durchzusetzen und von den Spielern respektiert zu werden.

REKORD!

23 Spiele der Bundesliga pfiff Bibiana Steinhaus in ihrer Karriere. 2020 verließ sie den DFB und zog nach England. Sie war die erste und bisher einzige Frau in der obersten Herren-Liga.

Wird dieser Knopf am Fahnengriff gedrückt, vibriert die Manschette am Oberarm des Schiedsrichters.

MODERNSTE TECHNIK:

HILFSMITTEL DER SCHIRIS

Schiedsrichter müssen ihre Entscheidungen innerhalb von Millisekunden treffen: Stand der Stürmer im Abseits? War der Ball wirklich im Tor? Dafür sind die Unparteiischen heute rundum mit moderner Technik ausgestattet.

HEADSET

Per Headset sind die Schiedsrichter miteinander verbunden. Über ein Mikrofon sprechen sie miteinander, ein Knopf im Ohr dient als Kopfhörer. Die Assistenten helfen dem Schiedsrichter während eines Spiels z. B., wenn dieser nicht genau gesehen hat, welcher Spieler ein Foul begangen hat. Oder sie informieren ihn, wenn eine Mannschaft einen Spieler auswechseln möchte. Der Schiedsrichter gibt dem 4. Offiziellen zwischen den Trainerbänken auch die Information weiter, um wie viele Nachspielminuten eine Halbzeit verlängert werden soll. Und dann sind die Schiedsrichter per Headset auch noch mit den Video-Assistenten verbunden, um sich mit ihnen austauschen zu können.

VIDEO-ASSISTENT

Es ist die wohl größte Veränderung im Schiedsrichterwesen, die es je gegeben hat: die Einführung des Video-Assistenten. Seit 2017 verfolgen speziell ausgebildete Video-Assistenten jede Partie der Bundesliga. Macht der Schiedsrichter einen eindeutigen und groben Fehler, bekommt er einen Hinweis über sein Headset. Entweder vertraut er den Angaben des Video-Assistenten direkt oder aber er läuft in die sogenannte »Review Area«. Dort ist am Spielfeldrand ein Monitor aufgebaut, auf dem er sich die fragliche Szene noch einmal anschauen und dann neu entscheiden kann. Bei den Fans ist der Video-Assistent umstritten, denn häufig dauert es relativ lange, bis eine endgültige Entscheidung gefallen ist. Außerdem bleiben einige Entscheidungen trotz Video-Beobachtung fraglich.

Video-Assistent Sascha Stegemann im »Kölner Keller«, wo sich das »Video Assist Center« (VAC) befindet.

In der »Review Area« am Spielfeldrand können sich die Schiedsrichter Wiederholungen der Spielszenen anschauen.

ARMBANDUHR

Der Schiedsrichter trägt seine Armbanduhr nicht nur, damit er die Spielzeit im Blick hat und weiß, wann er abpfeifen muss. Über die Uhr wird ihm auch angezeigt, ob der Ball im Tor ist oder nicht. Dazu gibt es in jedem Stadion pro Tor sieben Kameras. Sie können automatisch erkennen, ob der Ball in vollem Umfang hinter der Torlinie war. Denn nur dann zählt das Tor. Ist dies der Fall, sendet das System einen Hinweis auf die Uhr des Schiedsrichters.

OBERARMMANSCHETTE

Die Manschette, die der Schiedsrichter am Oberarm trägt, kann vibrieren und einen Pfeifton abgeben. Beide Signale können die Schiedsrichterassistenten über ihre Fahnen auslösen. Steht ein Spieler im Abseits, heben sie nicht nur die Fahne, sondern drücken auch einen Knopf, der das Vibrieren und Pfeifen auslöst.

Oben: Schiedsrichter Wolfgang Stark 2015 bei einem Test der erstmals in der Saison 2015/2016 in der Bundesliga eingeführten Torlinientechnologie »Hawk-Eye«.

FREISTOSSSPRAY

Am Hosenbund trägt der Schiedsrichter eine kleine Sprühdose. Darin befindet sich ein spezielles Spray, das bei Freistößen zum Einsatz kommt. Um den Verteidigern die vorgeschriebenen 9,15 Meter Abstand anzuzeigen, sprüht der Schiedsrichter eine Linie auf den Rasen. Nach wenigen Minuten – also nach der Ausführung des Freistoßes – verschwindet die Linie wieder.

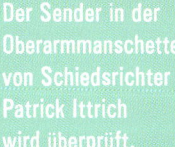

Der Sender in der Oberarmmanschette von Schiedsrichter Patrick Ittrich wird überprüft.

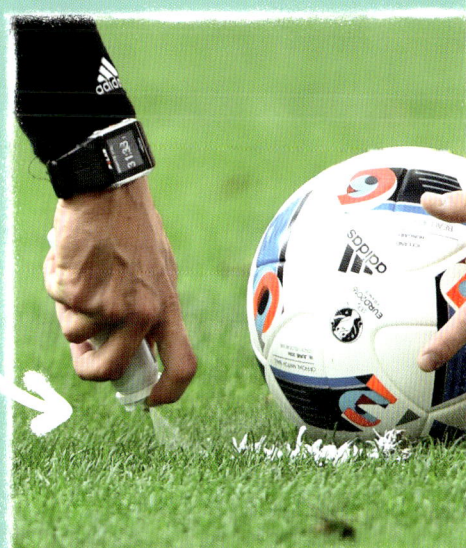

5:

Der letzte große Erfolg der deutschen Nationalmannschaft: der WM-Titel 2014

DIE *FUSSBALL* NATION

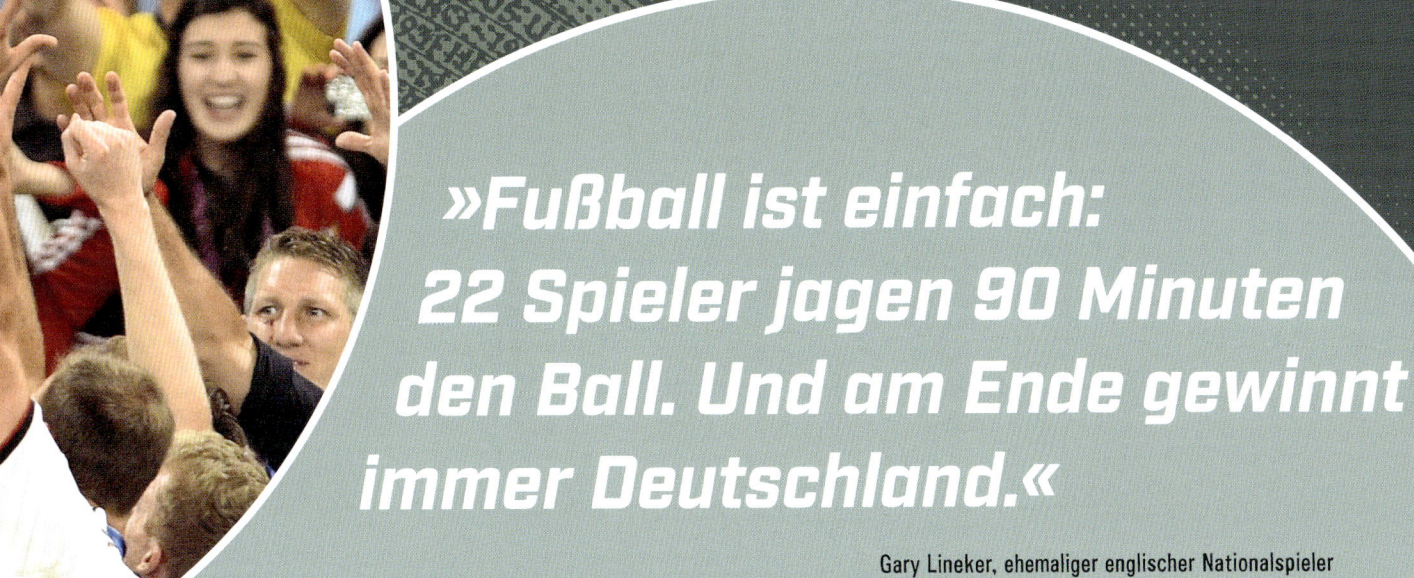

»Fußball ist einfach:
22 Spieler jagen 90 Minuten
den Ball. Und am Ende gewinnt
immer Deutschland.«

Gary Lineker, ehemaliger englischer Nationalspieler

Bei der Weltmeisterschaft 1990 sprach Gary Lineker diesen berühmten Satz. Die englische Nationalmannschaft hatte gerade das Halbfinale gegen Deutschland verloren, worüber Lineker natürlich sehr enttäuscht war. Also schlug er trotzig vor, demnächst gar nicht mehr antreten zu müssen, weil die deutsche Mannschaft ja eh gewinnen würde. Tatsächlich hat es immer wieder Phasen gegeben, in denen die deutsche Nationalmannschaft bei Welt- und Europameisterschaften besonders erfolgreich war. Zu dem Erfolg beigetragen hat auch die Stärke der Bundesliga. Sie hat sich seit ihrer Gründung zu einer der attraktivsten Ligen in Europa entwickelt.

Gary Lineker (rechts, neben Jürgen Kohler) ist für seine lockeren Sprüche bekannt. Zu vielen deutschen Nationalspielern pflegt er ein gutes Verhältnis.

Jubel beim 1. FC Magdeburg, 2022 in die 2. Liga aufgestiegen

Das Team der B-Juniorinnen vom FC Bayern München U17

FUSSBALL IM VERBAND:

DFB UND DFL

Wenn du in Deutschland mit deiner Mannschaft an einem offiziellen Fußballspiel teilnehmen willst, musst du Mitglied des Deutschen Fußball-Bunds (DFB) sein. Er organisiert die Spiele – von den Junioren und Amateuren bis zu den Profis.

Hier wurde im damaligen Restaurant „Zum Mariengarten" am 28.1.1900 der Deutsche Fussball-Bund gegründet.

Die Stadt Leipzig und der Deutsche Fussball-Bund anlässlich des 100-jährigen Bestehens des DFB im Januar 2000

Nachdem sich der Fußball langsam in Deutschland verbreitet hatte, wurden viele Vereine gegründet. Zunächst spielten sie noch unorganisiert und ohne offizielle Struktur gegeneinander. Ein Treffen im Leipziger Restaurant »Zum Mariengarten« sollte dann aber zum Meilenstein des Fußballs in Deutschland werden. Am 28. Januar 1900 kamen dort nämlich Vertreter von 86 Vereinen zusammen, um den Deutschen Fußball-Bund (DFB) zu gründen. Von nun an wollten sie regelmäßig und in offiziellen Spielen gegeneinander antreten.

DER DFB HEUTE

Heute gehören dem DFB fast 24.500 Vereine, mehr als 125.000 Mannschaften und über sieben Millionen Mitglieder an. Er gilt damit als größter Sportverband der Welt. Seinen Aufbau kannst du dir wie bei einer Zwiebel vorstellen: Im Inneren gibt es viele unterschiedliche Ringe. Die kleinsten sind die Kreis- und Bezirksverbände, in denen alle Vereine einer

Region, also in der Regel einer Stadt, organisiert sind. Der nächstgrößere Ring sind die Landesverbände, in denen alle Kreisverbände einer Länderregion zusammenkommen. Die Landesverbände sind im nächsten Ring in fünf Regionalverbänden zusammengeführt. Und darüber gibt es dann nur noch den äußersten Ring: die DFB-Zentralverwaltung, deren Sitz sich in Frankfurt am Main befindet.

Jedes Wochenende finden in Deutschland viele tausend Spiele in den untersten Ligen statt – hier der SV Birkenfeld vor dem Spiel gegen 1860 München im Toto-Pokal 2021/2022.

So setzt sich der DFB zusammen: über 200 Fußballkreise, 21 Landesverbände, 5 Regionalverbände.

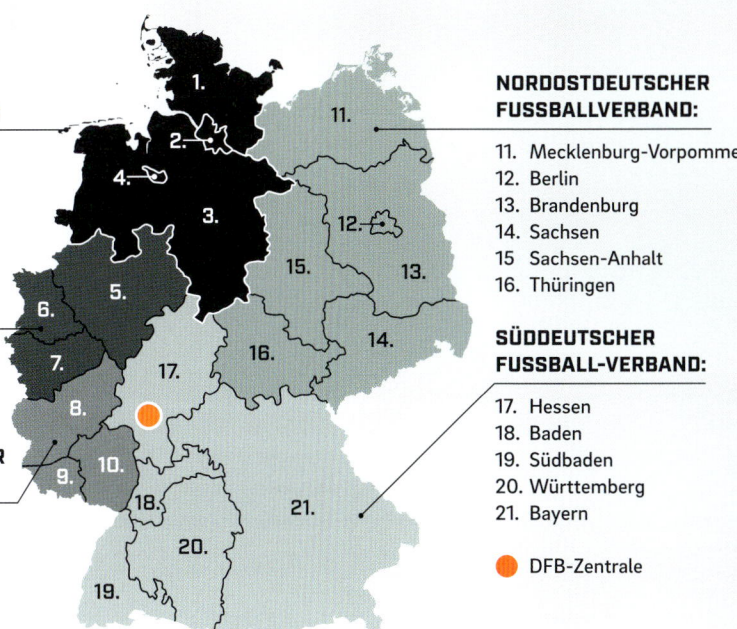

NORDDEUTSCHER FUSSBALL-VERBAND:

1. Schleswig-Holstein
2. Hamburg
3. Niedersachsen
4. Bremen

WESTDEUTSCHER FUSSBALLVERBAND:

5. Westfalen
6. Niederrhein
7. Mittelrhein

SÜDWESTDEUTSCHER FUSSBALLVERBAND:

8. Rheinland
9. Saarland
10. Südwest

NORDOSTDEUTSCHER FUSSBALLVERBAND:

11. Mecklenburg-Vorpommern
12. Berlin
13. Brandenburg
14. Sachsen
15 Sachsen-Anhalt
16. Thüringen

SÜDDEUTSCHER FUSSBALL-VERBAND:

17. Hessen
18. Baden
19. Südbaden
20. Württemberg
21. Bayern

● DFB-Zentrale

HOBBY ODER BERUF

Von den etwa sieben Millionen Mitgliedern des DFB sind nur knapp zwei Millionen im Fußball aktiv. Ein großer Teil sind Fans, die ihren Verein unterstützen wollen. Wer Mitglied eines Vereins wird – egal, ob als Spieler oder als Fan –, ist automatisch auch Mitglied im DFB. Die allermeisten Fußballerinnen und Fußballer in Deutschland betreiben den Sport nur als Hobby, weil er ihnen Spaß macht. Das sind die sogenannten Amateure. Einige Spieler können aber auch vom Kicken leben. Sie verdienen mit Fußball ihr Geld und werden deshalb Profis genannt.

DER AUFBAU DER LIGEN

Die Fußballmannschaften sind in verschiedene Ligen eingeteilt: Es gibt sehr viele Amateurligen und nur drei Profiligen. Die Verteilung der Ligen und damit auch der Mannschaften, die an ihnen teilnehmen, kannst du dir wie bei einer Pyramide vorstellen. Die untersten Klassen mit den schwächsten Mannschaften spielen in den Kreis- oder auch Landesligen und bilden den breiten Sockel der Pyramide.

Je höher und besser die Liga, desto weniger gibt es davon. Ganz oben an der Spitze stehen dann die drei Profiligen: die 3. Liga, die 2. und die 1. Bundesliga. In welcher Liga ein Verein spielt, entscheidet sich durch Auf- und Abstiege am Ende jeder Saison. Theoretisch kann also der Kreisklasseverein von nebenan bis in die Bundesliga aufsteigen. Er müsste dafür nur sehr viele Spiele gewinnen, um jedes Jahr eine Spielklasse höher zu kommen.

AUFGABEN DES DFB

Neben der Ausrichtung des DFB-Pokals und der Ligen bis zur 3. Liga ist der DFB auch für die Aus- und Weiterbildung von Trainern und Schiedsrichtern sowie für die Talentförderung im Kinder- und Jugendfußball zuständig. Die 1. und 2. Bundesliga werden seit 2001 nicht mehr vom DFB, sondern von der DFL (Deutsche Fußball Liga) organisiert.

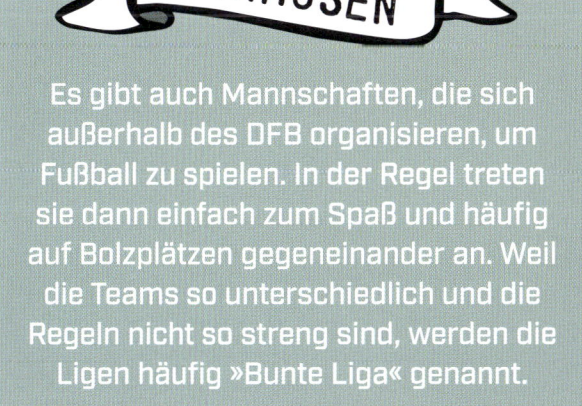

FANWISSEN

Es gibt auch Mannschaften, die sich außerhalb des DFB organisieren, um Fußball zu spielen. In der Regel treten sie dann einfach zum Spaß und häufig auf Bolzplätzen gegeneinander an. Weil die Teams so unterschiedlich und die Regeln nicht so streng sind, werden die Ligen häufig »Bunte Liga« genannt.

Davon träumen viele Spieler: Thomas Müller ist einer der wenigen Fußballer, die ihr Hobby zum Beruf machen konnten.

Der erste Meister der neu gegründeten Bundesliga, 1964: 1. FC Köln

Wohl für ewig? Bundesliga-Rekordmeister FC Bayern München

ERSTE KLASSE:

DIE BUNDESLIGA

Die besten 18 Mannschaften Deutschlands spielen jedes Jahr von August bis zum Mai des nächsten Jahrs um die Meisterschaft, die Qualifikation für den Europapokal und gegen den Abstieg in die 2. Bundesliga.

Im Mai 1903, drei Jahre nach seiner Gründung, trug der DFB die erste deutsche Meisterschaft aus. Die einzelnen Landesverbände meldeten ihre Meister an und so kamen sechs Mannschaften zusammen, die um den Titel des Deutschen Meisters spielen sollten. Zu dieser Zeit gab es noch keine Bundesliga, der Meister wurde im Pokalmodus ermittelt. Es kam also nur der Gewinner eines Spiels in die nächste Runde. Am Ende standen sich der VfB Leipzig und der DFC Prag in Finale gegenüber (Prag hatte eine Sondergenehmigung, um an der deutschen Meisterschaft teilzunehmen). Der VfB Leipzig gewann das Spiel 7:2 und wurde somit erster deutscher Fußballmeister.

DIE NEUE LIGA

Erst mehr als 60 Jahre nach seiner Gründung beschloss der DFB, eine Fußballliga für Profis einzuführen, innerhalb derer

Turniere in ganz Deutschland ausgetragen werden sollten. Im Sommer 1963 wurde dann das erste Bundesligaspiel angepfiffen – und im Mai 1964 hielt erstmals ein Verein die Meisterschale in den Händen: der 1. FC Köln. Viele der Vereine von damals spielen auch heute in der Bundesliga – neben dem 1. FC Köln u. a. Eintracht Frankfurt, Borussia Dortmund, der VfB Stuttgart und Werder Bremen. Der FC Bayern München nahm übrigens noch nicht an der ersten Saison teil. Er stieg erst zwei Jahre später in die 1. Liga auf. Ausgerechnet in dieser Saison wurde der große Rivale 1860 München das erste und bisher einzige Mal Bundesligameister.

Die wichtigste Trophäe im deutschen Vereinsfußball: die Meisterschale, auf der alle Deutschen Meister seit 1903 eingraviert sind. Sie hat einen Durchmesser von 59 Zentimetern und wiegt 11 Kilogramm.

DIE ANFÄNGE DER BUNDESLIGA

In den ersten beiden Spielzeiten traten noch jeweils 16 Mannschaften in der Bundesliga gegeneinander an. Ab der Saison 1965/1966 waren es dann 18. In den Anfängen gab es einige Regeln, die heute so nicht mehr existieren. Beispielsweise wurde eine Gehaltsobergrenze für Spieler eingeführt. Sie durften nicht mehr als 1200 Deutsche Mark (also ungefähr 600 Euro) im Monat verdienen. Viele Spieler hatten damals deshalb noch andere Berufe, um ihren Lebensunterhalt zu verdienen. Erst nach der Arbeit konnten sie dann auf den Fußballplatz kommen, um zu trainieren.

DIE ABSCHLUSSTABELLE

18 Mannschaften spielen in der Bundesliga je zweimal gegeneinander: Sie treten einmal im heimischen Stadion und einmal auswärts an. Dabei ist die Saison in eine Hin- und eine Rückrunde aufgeteilt. Bei jedem Sieg werden dem Verein drei Punkte gutgeschrieben, ein Unentschieden bedeutet für beide Teams jeweils einen Punkt. In der Bundesligatabelle sortieren sich die Mannschaften nach jedem Spieltag neu – nach ihrer aktuellen Punktzahl und der Differenz zwischen eigenen und Gegentoren. Richtig spannend ist diese Tabelle erst am Saisonende. Dann zeigt sich, wer sich an die Spitze setzen konnte und den Meistertitel gewinnt. Die Vereine, die hinter dem Meister die nächsten Plätze belegen, dürfen in der kommenden Saison an den Europapokal-Spielen teilnehmen.

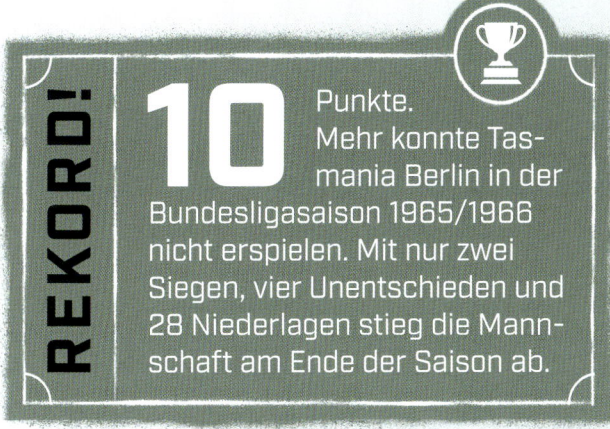

Viele rasante Aufstiege: Im Jahr 2000 spielte die TSG Hoffenheim noch in der Amateur-Oberliga. Acht Jahre später hatte sie es drei Ligen höher bis in die Bundesliga geschafft.

DIE RELEGATION

Am unteren Ende der Tabelle entscheidet sich, wer absteigen muss. Die Clubs auf Platz 17 und 18 spielen im nächsten Jahr in der 2. Bundesliga. Der Verein, der auf Platz 16 steht, muss gegen den Dritten der 2. Liga in der sogenannten Relegation um den Verbleib in der Bundesliga kämpfen.

DIE TORJÄGERKANONE

Mit dieser Auszeichnung ehrt der *kicker* alljährlich den Torschützenkönig der Bundesligasaison. Gerd Müller, der Rekordtorschütze der Bundesliga, erhielt sie sieben Mal. Mittlerweile hat Robert Lewandowski den »Bomber der Nation« eingeholt: Auch ihm wurde die Trophäe 2022 zum siebten Mal überreicht.

Gerd Müller 1972 mit seiner vierten Torjägerkanone

Robert Lewandowski 2022 mit seiner siebten Torjägerkanone

Einmal im Jahr wird das Berliner Olympiastadion in die Farben der Finalteilnehmer getaucht. Die bislang häufigste Begegnung: BVB gegen FCB

IM K.-O.-SYSTEM:

DER DFB-POKAL

Neben der Bundesligameisterschaft gibt es einen weiteren großen Titel im deutschen Fußball zu gewinnen: den DFB-Pokal. Das Besondere an ihm ist sein direktes Spielsystem – und dass die kleinen Vereine die großen ärgern können.

Das Berliner Olympiastadion ist ein besonderes Stadion in Deutschland. Es ist fast 90 Jahre alt und sieht schon allein deshalb ganz anders aus als die modernen Arenen in anderen deutschen Städten. Eigentlich trägt hier Hertha BSC seine Heimspiele aus, auf den Tribünen stehen dann die Hertha-Fans. Einmal im Jahr aber wird hier traditionell das Finale des DFB-Pokals ausgetragen. Und dann werden die knapp 75.000 Plätze von den Fans der jeweiligen Finalteilnehmer eingenommen.

KLEIN GEGEN GROSS

Das besonders Spannende am DFB-Pokal ist, dass dabei Fußball-Welten aufeinandertreffen, die sich sonst nicht begegnen. Eigentlich spielen Amateurvereine in ihren Ligen unter sich und die Profis kicken gegen Profis. Am DFB-Pokal dürfen aber die Pokalgewinner der einzelnen DFB-Verbände teilnehmen – also die Mannschaften, die den Amateur-Pokal in ihrer Region gewonnen haben. Diese Teams treten dann gegen die Vereine der 1. und 2. Bundesliga sowie die vier ersten Mannschaften der 3. Liga an. So bekommt schon mal ein kleiner Dorfverein die Chance, gegen große Teams wie Borussia Mönchengladbach oder sogar den FC Bayern München bei sich auf dem eigenen Platz zu spielen. Denn auch in diesem Punkt ist der DFB-Pokal speziell: Spiele in den ersten Runden zwischen Amateur- und Proficlubs finden immer im Stadion des kleineren Vereins statt.

Nach jedem Endspiel wird der Sieger in den Sockel des Pokals eingraviert. Dafür musste der Sockel schon einmal verlängert werden und bietet nun Platz für weitere Sieger – mindestens bis 2030.

BEI NIEDERLAGE *KNOCK-OUT* (K. O.)

In der Bundesliga hat eine Mannschaft die Chance, sich in einem Hin- und einem Rückspiel gegen ein anderes Team zu beweisen. Im DFB-Pokal ist der Modus anders und knallhart. Hier wird im sogenannten K.-o.-System gespielt. Die Vereine treten in einem einzigen Spiel gegeneinander an. Nur wer dieses Spiel gewinnt, kommt in die nächste Runde. Der Verlierer scheidet sofort aus dem Wettbewerb aus. Welche Teams gegeneinander spielen, wird in jeder Runde neu ausgelost. In den ersten beiden Runden werden die Mannschaften aus verschiedenen Töpfen gezogen, sodass eine Amateurmannschaft in jedem Fall auf ein Profiteam trifft.

VON BERLIN NACH EUROPA

Gewinnt eine Mannschaft den DFB-Pokal, hat sie zum einen eine tolle Trophäe, die sie sich in die Vitrine stellen kann. Darüber hinaus berechtigt der Pokalgewinn zur Teilnahme an weiteren Wettbewerben. Beim DFL-Supercup spielt zu Beginn einer neuen Saison der Pokalsieger gegen den Bundesligameister. Außerdem nimmt der DFB-Pokalsieger automatisch an der Europa League teil, sofern er nicht für die Champions League qualifiziert ist.

Der DFB-Pokal wiegt 5,7 Kilogramm und ist 52 Zentimeter hoch. Würde man ihn verkaufen, bekäme man wohl ungefähr 35.000 Euro dafür. Das ist aber natürlich nicht möglich, schließlich ist er ein Wanderpokal. In jedem Jahr bekommt ihn der neue DFB-Pokalsieger, die Trophäe wandert also sozusagen von Gewinner zu Gewinner.

FANWISSEN

Den DFB-Pokal gibt es schon seit 1935, anfangs unter anderem Namen. Die erste Trophäe gewann der 1. FC Nürnberg, der bis 1967 Rekordsieger blieb. Seit 1969 ist der FC Bayern München unangefochtener Rekordsieger und weitet seinen Vorsprung immer weiter aus: Mit mittlerweile 20[*] Siegen liegt er meilenweit vor dem Zweitplatzierten[*] Werder Bremen mit 6[*] Siegen.

Obwohl es immer wieder Zweit-, Dritt- und sogar Viertligisten in die Runde der letzten Acht (oder sogar noch weiter) schaffen, ist es bislang[*] erst einem Verein gelungen, als Zweitligist den Pokal zu holen: Hannover 96, 1992. Ein Jahr später schaffte es die Amateurmannschaft von Hertha BSC ins Finale. Der Erstligist Hertha BSC lief hingegen noch nie[*] zu einem Pokalfinale in seiner Heimstätte auf, obwohl er 1977 und 1979 immerhin Zweiter wurde. Denn erst seit 1985 finden die Finalspiele regelmäßig im Olympiastadion statt.

* Stand 2022

1954: Der erste deutsche WM-Titel, das »Wunder von Bern«

1974: Der Sieg bei der WM im eigenen Land

AUSGEWÄHLT:

DIE NATIONALMANNSCHAFT

Profifußballer verdienen ihr Geld bei dem Verein, für den sie täglich trainieren und Wochenende für Wochenende Spiele bestreiten. Die besten von ihnen werden darüber hinaus für die Nationalmannschaft nominiert.

Das erste offizielle Länderspiel einer deutschen Nationalmannschaft fand am 5. April 1908 statt. Damals verlor die DFB-Elf gegen eine Schweizer Auswahl mit 3:5. Der erste große Erfolg der Nationalmannschaft ist als »Wunder von Bern« bekannt: 1954 gewann sie für viele überraschend den Weltmeistertitel. Das Endspiel fand in Bern statt, Deutschland schlug Ungarn mit 3:2. Seitdem gab es immer wieder Phasen, in denen die Nationalmannschaft internationale Erfolge feiern konnte, aber auch solche, in denen sie nicht zur Weltspitze gehörte.

Profispieler sind Mitglied eines Vereins, solange sie dort einen Vertrag haben. In der Regel ist also klar, dass sie für drei, vier oder noch mehr Jahre zu dieser einen Mannschaft gehören. In der Nationalmannschaft ist das anders. Hier werden die Spieler immer wieder aufs Neue für jedes anstehende Länderspiel oder die großen Turniere wie Europa- oder Weltmeisterschaften nominiert. Wer im September für die deutsche Nationalmannschaft gespielt hat, kann sich also nicht sicher sein, beim nächsten Spiel wieder dabei zu sein.

Helden der Weltmeisterschaft 2014:
Bastian Schweinsteiger und Lukas »Poldi« Podolski

'54, '74, '90, 2006

Das Lied der Sportfreunde Stiller zur WM 2006 in Deutschland sollte den vierten Sieg beschwören. Der ließ aber noch acht Jahre auf sich warten.

1972, 1980, 1996

Dreimal gewann die deutsche Nationalmannschaft bisher die EM und genauso oft wurde sie Vize-Europameister.

DER BUNDESTRAINER

Wer zu einem Länderspiel eingeladen wird, entscheidet der Bundestrainer. Während der Saison reist er durch ganz Deutschland, aber auch in andere Länder, und schaut sich mögliche Nationalspieler bei den Spielen ihrer Clubs an. Denn Nationalspieler kann im Prinzip jeder Fußballer werden, der einen deutschen Pass hat. Aber natürlich will der Bundestrainer nur die besten Spieler des Landes auswählen. Um entscheiden zu können, wer das ist, muss er sie in Aktion beobachten.

DER (FAST) EWIGE JOGI

Bei ganzen 198 Spielen stand Joachim, genannt Jogi, Löw als Bundestrainer an der Seitenlinie. Kein anderer Trainer coachte die DFB-Elf in mehr Spielen. Sein erstes Spiel als Chefcoach fand 2006 statt, das letzte 2021, als Deutschland im Achtelfinale gegen

2009 wurde die U17 (Spieler, die unter 17 Jahren alt sind) Europameister. Im Team damals: Marc-André ter Stegen und Mario Götze.

Von 2004 bis 2006 war Jogi Löw der Assistent von Jürgen Klinsmann, dann übernahm er dessen Job als Bundestrainer und behielt ihn 15 Jahre lang.

England aus der EM ausschied. Als größten Erfolg kann Jogi Löw den WM-Titel von 2014 in Brasilien verbuchen. Europameister konnte er nie werden, einmal stand er mit seiner Mannschaft kurz davor: 2008 scheiterte sie erst im Finale. Nach seinem Rücktritt 2021 wurde Jogi Löw von seinem ehemaligen Assistenten Hansi Flick abgelöst.

Hansi Flick und Jogi Löw bei der WM 2014 in Brasilien

Kinder kicken

Auch für Jugendliche gibt es Auswahlen, die Länderspiele bestreiten. Spieler aus jeweils zwei Jahrgängen bilden eine Mannschaft, also z. B. 13- und 14-Jährige. Wie die Erwachsenen werden sie vom jeweiligen Bundestrainer nominiert. Immer wieder erzielen die Jugendnationalmannschaften Deutschlands große Erfolge.

Almuth Schult, Nationaltorhüterin

Alexandra Popp, Allrounderin

AUF DEM VORMARSCH:

FRAUENFUSSBALL

Heute ist es selbstverständlich, dass auch Frauen Fußballprofis werden können. Sehr lange Zeit war das aber gar nicht so einfach. Im Gegenteil: Viele Jahre lang war Frauen und Mädchen das Fußballspielen sogar verboten.

1930 wurde in Frankfurt der erste Fußballverein Deutschlands gegründet, bei dem allein Frauen spielten: der »1. Deutsche Damen Fußballclub«. Das war überhaupt nur deshalb nötig, weil die bestehenden DFB-Männervereine nicht bereit waren, Frauen aufzunehmen. Und auch der »1. DDFC« wurde nicht von ihnen anerkannt und musste sich bereits ein Jahr nach seiner Gründung wieder auflösen.

UNGLAUBLICHE VERBOTE

Fußball zu spielen, ist faszinierend – selbstverständlich auch für viele Frauen. Deshalb trafen sich auch ohne offizielle Vereine immer mehr Fußballerinnen, um gemeinsam ihrem Hobby nachzugehen. In den 1950er-Jahren unternahmen sie den nächsten Versuch, ihre Teams offiziell in Vereine umzuwandeln. Abermals verbot das der Deutsche Fußball-Bund. Dafür führten die Männer, die diese Entscheidung trafen, sehr merkwürdige Begründungen an.

Lotte Specht gründete 1930 den ersten deutschen Frauenfußballverein, den »1. DDFC«.

Angeblich würde beim Fußballspielen nicht nur den Körpern der Frauen, sondern auch ihren Seelen geschadet. Außerdem sei es für Zuschauer nicht angenehm, Damen beim Fußballspiel zuzuschauen.

SELBST ORGANISIERT

Viele Fußballerinnen wollten sich von der diskriminierenden Haltung der Männer beim DFB nicht einschränken lassen. Obwohl es ihnen offiziell verboten war, organisierten 1956 einige von ihnen ein erstes Frauen-Länderspiel. Eine Mannschaft deutscher Freizeitspielerinnen trat dabei in Essen gegen eine Auswahl von Niederländerinnen an. Insgesamt pilgerten 18.000 Zuschauer ins Stadion.

Das inoffizielle erste Länderspiel einer deutschen Frauenmannschaft gegen ein Team aus den Niederlanden endete 2:1 für Deutschland.

ENDLICH ANERKANNT

Trotz solcher Erfolge sollte es noch weitere 15 Jahre dauern, bis auch der DFB seine Meinung änderte und Frauenfußballvereine zuließ. 1970 war es endlich so weit. Einflussreiche Spielerinnen hatten schließlich damit gedroht, einen eigenen Fußballverband nur für Frauen zu gründen. Um das zu verhindern, ließen die Männer des DFB doch Frauenfußball zu.

DIE GOLDENEN JAHRE

Es dauerte ein wenig, bis sich der Frauenfußball in Deutschland richtig entwickeln konnte. Dann aber war die deutsche Nationalmannschaft über viele Jahre hinweg das erfolgreichste Frauenteam Europas und später auch der gesamten Welt. Bei neun Europameisterschaften zwischen 1989 und 2013 holte die DFB-Elf acht Mal den Titel. 2003 und 2007 wurde sie dazu ebenfalls Weltmeister. In dieser Zeit war die Mannschaft kaum zu schlagen. In den letzten Jahren hat sich das etwas gewandelt, andere Nationen sind im Frauenfußball stärker geworden. Der letzte große Titel für die DFB-Damen: die olympische Goldmedaille 2016.

Im Finale der EM 1995 schlug die deutsche Frauen-Nationalmannschaft das schwedische Team 3:2. Mit dabei u. a.: Bettina Wiegmann (o. links), Heidi Mohr (o. zweite von rechts), Silvia Neid (u. links), Martina Voss (u. dritte von rechts)

Der letzte große Titel der deutschen Frauen-Nationalmannschaft: olympisches Gold 2016 in Rio de Janeiro

REKORD!

214 Länderspiele bestritt die Rekordhalterin Birgit Prinz. Keine Spielerin stand häufiger auf dem Platz. Und keine schoss mehr Tore. Mit 128 Treffern ist sie auch Rekordtorschützin.

Seit 2018 Bundestrainerin der deutschen Frauen-Nationalmannschaft: Martina Voss-Tecklenburg. Die ehemalige Mittelfeldspielerin war an vier EM-Titeln beteiligt und wurde 1996 zur ersten Fußballerin des Jahres gewählt.

Die Frauenmannschaft des VfL Wolfsburg (links) könnte bald den Rekordmeister einholen: den ehemaligen 1. FFC Frankfurt (rechts).

ERSTE KLASSE:

DIE FRAUEN-BUNDESLIGA

Professioneller Frauenfußball hat in Deutschland leider nicht denselben Stellenwert wie der Männerfußball. Trotzdem gibt es immer mehr Frauen, die mit dem Kicken ihr Geld verdienen. Und immer mehr Fans pilgern zu den Spielen.

Seit 1990 gibt es eine Bundesliga im Frauenfußball. Wobei *eine* nicht ganz richtig ist, denn anfangs waren es zwei Ligen, die parallel ausgetragen wurden. Die nördlichen und die südlichen Clubs spielten jeweils in einer eigenen Staffel gegeneinander. Am Ende der Saison traten die vier besten Teams – je zwei aus dem Norden und zwei aus dem Süden – im Halbfinale an, ehe der Meister in einem Finalspiel ermittelt wurde. Seit 1997 gibt es nur noch eine Frauen-Bundesliga.

DIE LIGA

12 Vereine spielen in der Frauen-Bundesliga in einer Hin- und einer Rückrunde gegeneinander. Der Meister sowie der zweit- und drittplatzierte Verein qualifizieren sich für die Champions League in der folgenden Spielzeit. Die beiden letzten Clubs der Tabelle steigen in die 2. Frauen-Bundesliga ab. Dort kämpfen sogar 14 Teams um die Punkte, von denen die ersten beiden Mannschaften die Absteiger in der Bundesliga ersetzen.

Es hat etwas gedauert, aber seit einigen Jahren mischt der FC Bayern München auch die Frauen-Bundesliga auf und erringt regelmäßig Erfolge.

FANWISSEN

Zwei Vereine gibt es, die sowohl im Frauen- als auch im Männerfußball Deutscher Meister wurden. Der VfL Wolfsburg zählt seit Jahren zu den Topteams der Frauen-Bundesliga, aber auch die Herrenmannschaft wurde schon einmal Meister. Und der Rekordmeister des Männerfußballs, der FC Bayern München, konnte ebenfalls mehrmals Deutscher Frauenfußball-Meister werden.

REKORDMEISTER

Rekordmeister der Frauen-Bundesliga ist neben dem VfL Wolfsburg ein zweiter Verein, den es streng genommen nicht mehr gibt. Der 1. FFC Frankfurt konnte - genauso wie Wolfsburg - insgesamt sieben Titel gewinnen, den letzten 2008. Heute existiert der Verein allerdings nicht mehr. Mittlerweile ist das Frauenteam Teil von Eintracht Frankfurt geworden und nimmt unter diesem Namen auch weiter an der Bundesliga teil.

REKORDE FÜR DIE EWIGKEIT

Die Historie der Frauen-Bundesliga hat einige sehr spezielle Rekorde zu bieten. Zwei Teams stiegen beispielsweise aus der Liga ab, ohne nur einen einzigen Punkt ergattert zu haben: 1991 der 1. FC Neukölln und 2007 der FFC Brauweiler Pulheim. Die meisten Treffer innerhalb eines Spiels gelangen der Stürmerin Heidi Mohr – und das gleich doppelt. Die ehemalige Nationalspielerin traf 1991 während des Spiels ihres Vereins TuS Niederkirchen gegen die SG Praunheim sieben Mal das Tor. 1994 gelang ihr das noch einmal, diesmal im Spiel gegen den TSV Battenberg.

Heidi Mohr war eine der erfolgreichsten Stürmerinnen der Frauen-Bundesliga. Von 1991 an wurde sie fünfmal in Folge Torschützenkönigin.

Die Meisterschale wird erst seit 2009 verliehen. Trotzdem sind alle Frauenfußball-Meister seit 1974 auf ihr verewigt.

DIE SCHALE

In den ersten Jahren bekam der Meister der Frauen-Bundesliga noch einen Pokal überreicht. Seit 2009 gibt es für die Saisonbesten genauso wie in der Männer-Bundesliga eine Meisterschale. Sie besteht aus Silber, wiegt 7 Kilogramm und hat einen Durchmesser von einem halben Meter.

Inka Grings spielte 16 Jahre lang als Stürmerin für den FCR 2001 Duisburg. Sechs Mal wurde sie mit der Torjägerkanone ausgezeichnet. Damit ist sie Rekordtorschützenkönigin der Frauen-Bundesliga.

EMMA, ERWIN, JÜNTER:
DIE MASKOTTCHEN

Sie sind in jedem Stadion ebenso zu Hause wie die Fans: Maskottchen. Sie feuern Fans und Spieler an. Und sie sind gern gesehene Fotomotive – besonders bei den jungen Fans!

STORCH STOLLE
Storch Stolle hat leider noch nie die Bundesliga kennengelernt. Er ist das Maskottchen des Vereins Holstein Kiel, der im deutschen Fußball zwar bekannt ist, aber noch nie erstklassig war.

ERWIN
Erwin ist in der »Arena AufSchalke« zu Hause. Dort unterstützt er den FC Schalke 04. Der Club aus Gelsenkirchen ist der drittgrößte Verein Deutschlands.

HENNES
Fans des 1. FC Köln sind stolz auf ihren lebendigen Geißbock. Zu Heimspielen zieht das Maskottchen aus dem Kölner Zoo an den Spielfeldrand um. Hennes findet sich auch im Vereinslogo des Clubs wieder.

ATTILA
Der zweite Verein Deutschlands, der ein lebendiges Maskottchen hat, ist Eintracht Frankfurt. Weil die Eintracht einen Adler im Vereinswappen trägt, fliegt dort vor Heimspielen Adler Attila durch die Arena.

RITTER KEULE
Im Stadion »An der Alten Försterei« in Berlin ist das Maskottchen des 1. FC Union Berlin zu Hause. Ritter Keule ist über 2,30 Meter groß und soll demonstrieren, wie stark und wehrhaft der Verein ist.

BRIAN THE LION

Im Stadtwappen von Leverkusen findet sich ein Löwe, im Vereinswappen des TSV Bayer 04 Leverkusen sind es sogar zwei. Kein Wunder, dass auch Maskottchen Brian ein Löwe ist.

BÄR HERTHINHO

Für Hertha BSC jubelt Herthinho an der Seitenlinie des Berliner Olympiastadions. Seit 1999 ist der Braunbär im Einsatz. Sein Name soll an die brasilianischen Spieler des Vereins erinnern.

FRITZLE

Seit 1992 feuert das Krokodil Fritzle den VfB Stuttgart an. Damals hatten die Fans darüber abstimmen dürfen, was für ein Tier das Maskottchen sein und welchen Namen es bekommen sollte.

JÜNTER

Die Mannschaft von Borussia Mönchengladbach nennt man auch »die Fohlen«. Logisch, dass das Maskottchen ein junges Pferd ist. »Jünter« ist der rheinisch ausgesprochene Vorname eines großen ehemaligen Borussia-Spielers: Günter Netzer.

GROTIFANT

Uerdingen spielte lange in der Bundesliga, damals noch als Bayer Uerdingen. Mittlerweile hat der Verein den Namen in KFC Uerdingen geändert. Der Elefant ist geblieben.

BÄR BERNI

Das Maskottchen mit den meisten Meistertiteln. Schließlich feuert Berni den FC Bayern München an. Er löste 2004 das langjährige Maskottchen »Bayern-Bazi« ab, einen Jungen in Lederhose.

DINO HERMANN

Das Maskottchen des Hamburger SV ist ein Dinosaurier, weil der Verein lange Zeit als »Bundesliga-Dino« galt. Er war seit der Gründung der Bundesliga 55 Jahre lang ununterbrochen erstklassig, bis er 2018 das erste Mal abstieg. Dino Hermann, benannt nach dem Kult-Masseur Hermann Rieger, ging mit in die 2. Liga.

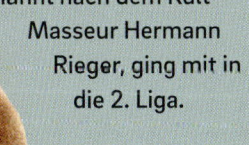

WÖLFI

Der VfL Wolfsburg ist sehr stolz auf das Tier in seinem Namen. Deshalb ertönt beim Einlaufen der Mannschaften ins Stadion aus den Boxen Wolfsgeheul und deshalb ist das Maskottchen auch ein großer Plüsch-Wolf.

BIENE EMMA

Borussia Dortmund wird von Biene Emma unterstützt. Die Vereinsfarben des BVB sind Schwarz und Gelb, da liegt es nahe, dass eine Biene die Mannschaft an der Seitenlinie anfeuert.

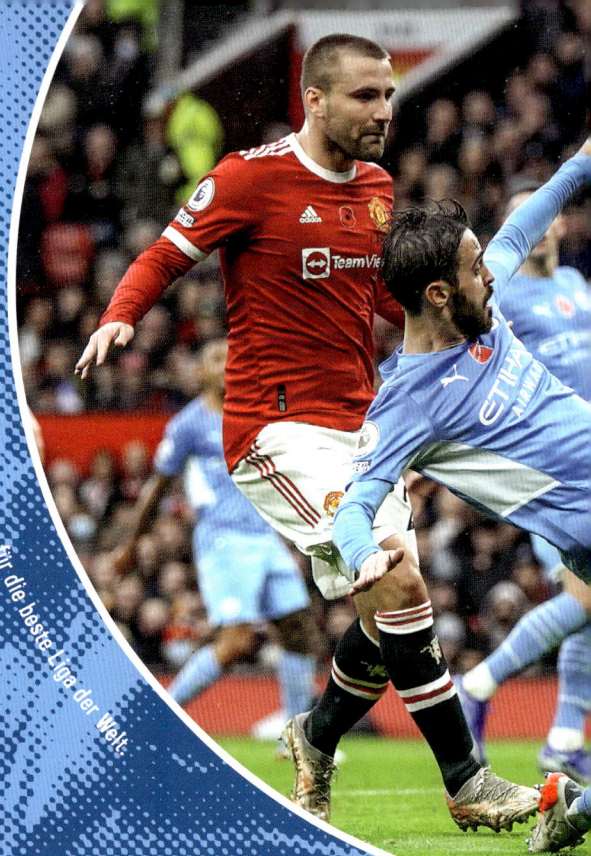

Die englische Premier League haben viele Fans für die beste Liga der Welt.

6:

DER FUSSBALL KONTINENT

»Mailand oder Madrid – Hauptsache Italien!«

Andreas Möller,
ehemaliger deutscher
Nationalspieler

Als Andreas Möller, ehemaliger Nationalspieler und Mittelfeldstar von Borussia Dortmund und Eintracht Frankfurt, 1992 ins Ausland wechseln wollte, war ihm nur eines wichtig: Ein italienischer Verein sollte es werden. Damals galt vielen die italienische Serie A als beste Liga Europas. In Mailand sind mit dem FC Internazionale Milano (bekannt als *Inter*) und dem AC Milan auch tatsächlich zwei Topclubs beheimatet. Und auch in Madrid wird bei Atlético und Real absoluter Spitzenfußball gespielt. Nur dass diese Stadt nicht in Italien, sondern in Spanien liegt, hatte Möller übersehen. Am Ende war es einerlei – Möller wechselte zu Juventus Turin.

Fand doch noch den Weg nach Italien: Andreas Möller im Trikot von Juventus Turin.

In England hat Fußball eine sehr lange Fantradition.

Von dort stammt auch der Begriff »Derby«.

PREMIER LEAGUE:

FUSSBALL IN ENGLAND

England gilt nicht nur als Mutterland des Fußballs. Viele Fans sagen auch, dass hier der beste Fußball gespielt wird. Damit ist allerdings nicht die National-mannschaft gemeint, sondern die »Premier League« – die erste Liga Englands.

Manchester United und Manchester City, FC Arsenal, der FC Liverpool und der FC Chelsea – in Englands erster Liga spielen viele Vereine, die weltberühmt sind. Beispielsweise ist das Stadtduell in Manchester legendär. United war als englischer Rekordmeister viele Jahrzehnte lang der erfolgreichste Club der Stadt. In den letzten Jahren hat sich das Blatt ein wenig gewendet. Mittlerweile landet City in der Abschlusstabelle regelmäßig vor United. In London kämpfen u. a. Arsenal und Chelsea darum, wer der erfolgreichste Club der Stadt ist. Auch international haben die englischen Vereine großen Erfolg. Sowohl Liverpool als auch Chelsea konnte in den letzten Jahren die Champions League gewinnen.

DIE STARS DER LIGA

Cristiano Ronaldo, Mohamed Salah, Rodri, Heung-Min Son – extrem viele internationale Stars spielen in England Fußball. Lange Zeit spielten die meisten Vereine in der Premier League einen Stil, der als *Kick and Rush* bezeichnet wird. Das bedeutet so viel wie »Schießen und Hinterherrennen«. Ihr System war, den Ball weit nach vorn zu schießen, während die Stürmer losrannten, um ein Tor zu erzielen. Mit den internationalen Stars in der Liga hat sich auch die Taktik vieler Vereine geändert. Immer häufiger sieht man im englischen Fußball jetzt aufregende Kombinationen.

DEUTSCHER FUSSBALL IN ENGLAND

Immer mehr deutsche Stars verdienen ihr Geld bei englischen Vereinen. Lukas Podolski und Bastian Schweinsteiger spielten schon auf der Insel, Mesut Özil genauso. Und auch unter den jüngeren Spielern gab es immer mehr, die nach England wechselten: Kai Havertz, Antonio Rüdiger und Timo Werner spielten beim FC Chelsea, Bernd Leno beim FC Arsenal und Ilkay Gündogan gewann mit Manchester City die Champions League. Mit Thomas Tuchel (ehemals FC Chelsea) und Jürgen Klopp (FC Liverpool) sind auch zwei echte Trainer-Stars aus Deutschland in den letzten Jahren in die Premier League gewechselt.

2021 ging der Champions-League-Pokal an Chelsea.

DAS MEISTE GELD

Dass so viele hochkarätige Stars in der Premier League beschäftigt sind, hängt viel mit den riesigen Geldsummen zusammen, die dort zu verdienen sind. In keiner anderen Liga der Welt bekommen die Vereine so viel Geld von den Fernsehsendern wie in England: Mehrere Milliarden zahlen die TV-Stationen pro Saison für die Übertragungsrechte. Dazu kommt, dass fast alle Vereine der Premier Ligue Unternehmen oder reichen Geschäftsleuten gehören. Durch diese Konstellation kommen so hohe Summen zusammen, dass all die Stars in die Liga gelockt werden können.

Ein Klassiker des englischen Fußballs: Das rote Manchester United spielt gegen das blaue Manchester City.

FANGESANG UND FUSSBALLTOURISMUS

Die Fans der Premier League können in zwei Lager eingeteilt werden: Zum einen gibt es die treuen englischen Fans, die ihre Mannschaften mit kreativen Gesängen anfeuern. Weil die Liga aber weltweit so berühmt geworden ist, kommen mittlerweile auch sehr viele Touristen in die Stadien. Da die Tickets so begehrt sind, steigen die Preise für Eintrittskarten zu den Spielen immer weiter. Viele englische Fans können sich die Spiele deshalb nicht mehr live im Stadion ansehen.

Raheem Sterling

Harry Kane

DIE ENGLISCHEN STARS

Stürmer Harry Kane wurde insgesamt dreimal Torschützenkönig der Premier League, bevor er 2023 zu Bayern München wechselte. Aber auch mit Raheem Sterling, Jadon Sancho oder Marcus Rashford spielen viele junge englische Stars in ihrer Heimat.

DERBY

Als Derby wird ein Spiel bezeichnet, das von Mannschaften aus derselben Stadt oder Region ausgetragen wird. Weil sie Nachbarn sind, ist die Rivalität dabei besonders groß: Jeder will das Spiel unbedingt gewinnen. Der Begriff geht auf ein fußballähnliches Spiel in der englischen Grafschaft Derbyshire zurück, das schon im Mittelalter zwischen benachbarten Dörfern ausgetragen wurde. Derbys gibt es aber nicht nur in England – wie in Manchester zwischen den Clubs City und United –, sondern z. B. auch in Mailand, im argentinischen Buenos Aires oder im Ruhrgebiet zwischen Borussia Dortmund und Schalke 04.

Jürgen Klopp wurde mit dem FC Liverpool schon englischer Meister und gewann die Champions League.

FANWISSEN

In der englischen Sprache gibt es zwei Begriffe für das Wort Fußball: »football« und »soccer«. Englische Fans benutzen das Wort *football*, so wurde der Sport von Beginn an bezeichnet. In den USA, wo auch Englisch gesprochen wird, sagen die Fans *soccer*. »Football« steht hier für American Football.

Bei seinem Abschiedsspiel 2013 spielte Raúl zwar schon nicht mehr für Real Madrid, durfte sein Trikot mit der Nr. 7 aber an diesem Abend noch einmal tragen.

LA LIGA:

FUSSBALL IN SPANIEN

Aus Spanien stammt der Begriff »Tiki-Taka«: Der Ball wird mit kurzen, schnellen Pässen gespielt, wenn auch mit wenig Raumgewinn. Der Begriff stammt ursprünglich von einem Spielzeug, bei dem Kugeln schnell aneinanderstoßen.

Die spanische Profiliga unterteilt sich eigentlich in zwei Ligen. Denn nur wenige Teams an der Spitze spielen um die Meisterschaft. Alle anderen spanischen Vereine schaffen es nicht, die Topclubs vom Thron zu stoßen, und stehen deshalb regelmäßig in der Tabelle hinter ihnen. In den letzten 20 Jahren konnte der FC Valencia zweimal den Meistertitel gewinnen, genauso wie Atlético Madrid. Ansonsten ist der Meisterschaftskampf ein Zweikampf zwischen Real Madrid und dem FC Barcelona, auch *Barça* genannt. Barcelona konnte schon über 20 Mal Meister werden, Real sogar bereits über 30 Mal – und das häufig mit sehr großem Vorsprung vor den folgenden Mannschaften.

Übernahm die Nr. 7 von Superstar Raúl: Cristano Ronaldo

GROSSE STARS DER LIGA

Die Liste der großen Namen, die in Spanien Fußball gespielt haben, ist schier unendlich lang. Viele Jahre lang gab es das direkte Duell zwischen den besten Fußballern der Welt: Lionel Messi vom FC Barcelona gegen Cristiano Ronaldo von Real Madrid. Aber auch Zinédine Zidane, Ronaldo und Luís Figo standen für »die Königlichen«, wie Real auch genannt wird, auf dem Platz. Das Trikot des großen Rivalen aus Barcelona trugen u. a. Diego Maradona, Zlatan Ibrahimović und Thierry Henry.

Das größte Duell, das die Primera División lange Zeit zu bieten hatte: Messi mit dem FC Barcelona gegen Cristiano Ronaldo von Real Madrid.

Marc-André ter Stegen hütet das Tor der Superstar-Mannschaft vom FC Barcelona.

Der FC Barcelona richtet jährlich im August kurz vor Beginn der Primera División ein Freundschaftsspiel zu Ehren seines Gründers Joan Gamper aus. Dazu wird jedes Jahr ein ausgewählter Verein eingeladen – 2021 war es Juventus Turin. Bis 1996 spielten noch vier Mannschaften in einem Turnier.

DEUTSCHER FUSSBALL IN SPANIEN

Er ist wahrscheinlich die beste Nummer 2 aller Nationalmannschaften der Welt: Marc-André ter Stegen. Der Torhüter wechselte 2014 von Borussia Mönchengladbach zum FC Barcelona. Mit diesem Weltclub hat er mittlerweile nicht nur mehrfach die spanische Meisterschaft, sondern auch den Pokal und sogar die Champions League gewonnen. Und trotzdem ist er nicht Deutschlands Nummer 1. Denn an Manuel Neuer kommt selbst ter Stegen nicht vorbei. Viele ehemalige deutsche Nationalspieler kickten für Real Madrid: Günter Netzer und Bernd Schuster beispielsweise. Später schnürten Mesut Özil und Sami Khedira die Schuhe für Real, und bis heute spielt dort Toni Kroos und bald auch Antonio Rüdiger.

EIN SCHWEIZER GRÜNDET BARÇA

Überall auf der Erde tragen Kinder das Trikot des FC Barcelona, der Verein ist weltberühmt und ein Aushängeschild des spanischen Fußballs. Gegründet wurde der Club allerdings von einem Schweizer. Joan Gamper lebte Ende des 19. Jahrhunderts in Barcelona und wollte gerne Fußball spielen. Weil bei vielen anderen Mannschaften keine Ausländer kicken durften, gründete er einfach selbst einen Verein. So spielten seit 1899 Spanier aus Katalonien, der Region um Barcelona, gemeinsam mit ausländischen Fußballern beim FC.

Neben Real und Barça die dritte Erfolgsmannschaft in Spanien: Atlético Madrid mit Trainer Diego Simeone

Das »Derby della Madonnina«: AC Mailand trifft auf Inter. Die Clubs kommen nicht nur aus derselben Stadt, sondern spielen auch im selben Heimstadion!

SERIE A:

FUSSBALL IN ITALIEN

Die italienische Nationalmannschaft kam bei den großen Fußballturnieren der letzten Jahre häufig sehr weit oder hat sogar Titel gewonnen. Die italienischen Clubs aus der Serie A konnten aber schon lange nicht mehr international glänzen.

Der AC Mailand ist nach Real Madrid nach wie vor der Verein mit den meisten Champions-League-Titeln. Allerdings liegt der letzte schon viele Jahre zurück. Die große Zeit der italienischen Liga und ihrer Clubs waren die 1980er- und 1990er-Jahre. Damals gewann der AC dreimal die Champions League, Juventus Turin einmal. Die Spiele der Serie A waren bekannt dafür, hochklassig zu sein, auf den Tribünen der Stadien herrschte eine ausgelassene und frenetische Stimmung.

DEUTSCHE STARS IN DER SERIE A

Die besten Jahre der Liga zogen viele deutsche Spieler in die Serie A: 1984 wechselte Karl-Heinz Rummenigge zu Inter Mailand, Lothar Matthäus folgte 1988. Insgesamt bestritt er 115 Spiele für Inter. Auch Jürgen Klinsmann und Andreas Brehme trugen das Inter-Trikot. Rudi Völler spielte von 1987 bis 1992 für die AS Rom, Oliver Bierhoff stand gleich für vier verschiedene italienische Teams auf dem Feld, der bekannteste: AC Mailand. Und obwohl ihn viele Fans mit Werder Bremen und dem FC Bayern München in Verbindung bringen werden – die meisten Spiele bestritt Miroslav Klose für Lazio Rom. Der Rekordtorschütze der deutschen Nationalmannschaft stand insgesamt 139 Mal für Lazio auf dem Platz.

> **SQUADRA AZZURRA**
> Die italienische Nationalmannschaft spielt traditionell in blauen Trikots, deshalb wird sie als *Squadra Azzurra* (»Blaues Team«) bezeichnet. Nicht zu verwechseln mit *Les Bleus* (»Die Blauen«): So nennen französische Fans ihre Nationalmannschaft, die ebenfalls blaue Heimtrikots trägt.

Die Heimstätte beider Vereine aus Mailand: das Giuseppe-Meazza-Stadion

Mit Lazio Rom wurde Miroslav Klose 2013 italienischer Pokalsieger.

Die Trikots der Spieler von Juventus Turin erinnerten früher viele Fans an eine bucklige alte Frau.

EINE ALTE DAME

Kein anderer Verein ist so erfolgreich wie Juventus Turin. »Juve« konnte beispielsweise zwischen 2012 und 2020 neunmal hintereinander den *Scudetto*, den italienischen Meistertitel, gewinnen. Traditionell spielen die Juventus-Spieler in schwarz-weiß gestreiften Trikots. Die ersten Leibchen dieser Art waren so zusammengenäht, dass sie sich beim Laufen aufblähten. Das sah so aus, als bekämen die Spieler einen Buckel, und erinnerte viele Fans an eine alte Frau. Den Spitznamen wurde der Verein nie wieder los – obwohl die Trikots heute natürlich keine Falten mehr werfen.

PROBLEME AUF DEN RÄNGEN

Italienische Fußballspiele sind schon länger nicht mehr als wahre Fußballfeste bekannt. Das liegt vor allem an den Stadien und den italienischen Fans. Während es z. B. in Deutschland viele große, moderne Arenen gibt, die regelmäßig ausverkauft sind, wurden die Stadien in Italien lange nicht renoviert. Zu einem Spiel der Serie A kommen durchschnittlich knapp 30.000 Zuschauer, wohingegen es in der Bundesliga 40.000 sind. Außerdem kommt es in einigen Stadien manchmal zu Ausschreitungen und Gewalt. Verbotene Feuerwerkskörper und beleidigende Plakate sind leider auch manchmal bei den Spielen der Serie A zu sehen.

REKORD!

783 Einsätze absolvierte Francesco Totti für denselben Verein, die AS Rom. Mit 307 Toren ist er auch der Rekordhalter über die meisten Tore in der Geschichte des Vereines.

»IL CAPITANO«

Francesco Totti wurde im offensiven Mittelfeld und im Sturm eingesetzt. In seiner gesamten Profikarriere spielte Totti nur für die AS Rom. 2001 gewann er mit seiner Mannschaft die italienische Meisterschaft und 2007 und 2008 den italienischen Pokal. Bei der WM 2006 in Deutschland wurde er mit der Nationalmannschaft Italiens Weltmeister.

Die nächste Generation: Weltmeister und Welttorhüter Gianluigi Buffon und sein Nachfolger Gianluigi Donnarumma, der 2021 Europameister und zum besten Spieler der EM gekürt wurde. In der Serie A waren sie eine Zeit lang Gegner: Buffon spielte lange für Juventus, Donnarumma für den AC Mailand.

2018 wurde die französische Nationalmannschaft zum zweiten Mal Weltmeister.

LIGUE 1:

FUSSBALL IN FRANKREICH

Die französische Nationalmannschaft war in den letzten Jahrzehnten immer wieder extrem erfolgreich. Die Vereinsmannschaften tun sich im Europapokal jedoch schwer. Nur einmal gewann ein französisches Team die Champions League.

Bei großen Turnieren wie der Europameisterschaft oder der Weltmeisterschaft zählt das Nationalteam Frankreichs regelmäßig zu den Topfavoriten auf den Sieg. Die Mannschaft wird *Équipe Tricolore* (»Dreifarbige Mannschaft«) genannt, was sich auf die drei Farben der französischen Flagge bezieht. Jeweils zweimal gewann sie den Europameister- und den Weltmeisterpokal. Bei den Vereinen sieht es hingegen mau aus. Während Teams aus Spanien, England, Deutschland, aber z. B. auch den Niederlanden schon häufiger den wichtigsten Vereinstitel Europas holten, steht für Frankreich genau ein Sieger auf der Liste: Olympique Marseille wurde in der Saison 1992/1993 zum besten Team Europas. Den UEFA-Pokal konnte noch kein französisches Team gewinnen.

Er verfügte über eine überragende Technik und hatte ausgefallene Ideen am Ball: Zinédine Zidane.

FRANZÖSISCHE STARS

Dabei gab und gibt es immer wieder herausragende französische Spieler. Häufig aber hatten sie ihre besten Jahre bei ausländischen Vereinen, weil es in der französischen ersten Liga (»Ligue 1«) nicht so viel Geld zu verdienen gab wie bei anderen europäischen Topclubs. Auch ist die Fußballbegeisterung in Frankreich nicht ganz so groß wie beispielsweise in den Stadien der englischen Premier League oder der Bundesliga. Einer der besten Fußballer aller Zeiten ist sicherlich Zinédine Zidane. Er wurde mit Frankreich 1998 Welt- und 2000 Europameister. Erfolgreich im Verein spielte er allerdings in Italien und Spanien: bei Juventus Turin und Real Madrid.

DER KOPFSTOSS

Zidane beendete seine aktive Karriere mit der WM 2006 als Vize-Weltmeister – jedoch eher unrühmlich: Im Finalspiel gegen Italien sah er Rot! Ein Gegenspieler hatte ihn beleidigt und Zidane reagierte mit einem Kopfstoß. Dafür wurde er in der 109. Minute vom Platz gestellt.

DER KÖNIG: PSG

Eine sportliche Ausnahme bildet seit einigen Jahren ein Club aus Frankreichs Hauptstadt: Paris Saint-Germain (kurz PSG). Seit 2014 wurde das Team bis auf zwei Ausnahmen immer französischer Meister. Und international schaffte es die Mannschaft bis ins Finale der Champions League. Der Erfolg liegt vor allem an einem Faktor: Geld. PSG gehört mittlerweile mehreren Firmen aus dem arabischen Land Katar. Sie wollen mit dem Club unbedingt weltweit Werbung machen und kaufen deshalb für unglaubliche Summen die aus ihrer Sicht besten Spieler der Welt zusammen. Und so wuchs die Liste der Pariser Superstars in den letzten Jahren immer weiter: von Thiago Silva über Neymar und Kylian Mbappé bis hin zu Lionel Messi. Auch der italienische Torhüter Gianluigi Donnarumma zählt seit der Saison 2021/2022 zum Team.

VON BENZEMA BIS RIBÉRY

Solche Beispiele gibt es viele: Franck Ribéry wurde Champions-League-Sieger mit dem FC Bayern München, Thierry Henry mit dem FC Barcelona, Karim Benzema mit Real Madrid. Sie alle spielten zwar auch bei französischen Clubs, hatten mit ihnen aber keinen großen Erfolg. Und dann gibt es noch Antoine Griezmann, den Star der Europameisterschaft 2016, der seit seiner Jugend nur für spanische Vereine spielt – aktuell bei Atlético Madrid. Zahlreiche französische Vereine lehnten seine Aufnahme in die Nachwuchsförderung mit der Begründung ab, er sei zu schmächtig. Dann entdeckte jedoch ein Scout eines baskischen Fußballvereins sein Talent – so verschlug es den Franzosen mit 14 Jahren nach Spanien.

Antoine Griezmann spielte nie in der Ligue 1, gewann aber mit Atlético Madrid 2018 die Europa League und den Super Cup. Im selben Jahr wurde er mit Frankreich Weltmeister, zwei Jahre zuvor war er als bester Spieler der Europameisterschaft ausgezeichnet worden.

REKORD!

38 Stundenkilometer erreicht der Stürmer Kylian Mbappé im Sprint. Den Platz als schnellster Fußballer der Welt teilt er sich mit dem Spanier Adama Traoré – und so manche sind ihnen dicht auf den Fersen.

Der erste Women's-Champions-League-Titel für den FC Barcelona 2021

Schon mehrmals in Folge holte Olympique Lyon den Pokal.

SPITZE:

EUROPAS FRAUENFUSSBALL

Während der US-amerikanische Frauenfußball schon seit vielen Jahrzehnten sehr erfolgreich ist und Millionen Fans hat, geht es in Europa erst in den letzten Jahren Schritte nach vorn. Dafür sind diese umso größer.

In den USA war Fußball lange Zeit nur eine Randsportart – bei den Männern. Zu den Spielen der Frauenteams kamen regelmäßig zehntausende Fans in die Stadien. Schon früh gab es eine professionelle Liga, auch die Nationalmannschaft der USA konnte davon profitieren und spielt seit Jahrzehnten sehr erfolgreich. Bei Europas Frauenfußball dauerte es deutlich länger, bis sich ähnliche Strukturen wie im Männerfußball bilden konnten. Das ändert sich allerdings gerade.

WOMEN'S CHAMPIONS LEAGUE

Seit 2001 gibt es eine europäische Spitzenliga des Frauenfußballs. Zunächst hieß sie »Women's Cup«, 2009 wurde sie in »Women's Champions League« umbenannt. In den ersten Jahren waren wenige Spiele dieser Liga spannend. Ganz einfach, weil es noch nicht viele Spitzenteams in Europa gab. Deshalb gewannen die Favoritinnen ihre Spiele schon einmal 8:0, 10:3 oder sogar 13:1. In den letzten Jahren hat sich das deutlich geändert. Viel mehr Clubs in Europa trainieren mit ihren Frauenteams auf einem professionellen Niveau. Die Spielerinnen bekommen mehr Geld und können deshalb häufiger auf dem Fußballplatz stehen, anstatt noch nebenbei einem anderen Beruf nachzugehen. Dadurch werden sie besser ausgebildet und überall in Europa entstehen nun Spitzenclubs. Zweistellige Spielergebnisse gibt es in der Champions League mittlerweile fast gar nicht mehr.

Superstar bei Olympique Lyon und in ganz Europa: Wendie Renard

DIE STÄRKSTEN LIGEN EUROPAS

Im Kampf um den Titel des besten europäischen Teams gab es lange Zeit ein Rennen zwischen dem schwedischen Club Umeå IK und den deutschen Vereinen 1. FFC Frankfurt, 1. FFC Turbine Potsdam und FCR 2001 Duisburg. Mittlerweile gilt die englische erste Liga, vor allem aber die französische Liga als die beste in Europa. Der französische Dauermeister Olympique Lyon ist auch Rekordmeister der Champions League. Aber auch der FC Chelsea aus England oder der FC Barcelona aus Spanien erzielen regelmäßig Erfolge.

Sara Däbritz spielte mehrere Jahre für den FC Bayern München, bevor sie 2019 nach Paris wechselte.

Viele deutsche Nationalspielerinnen wechseln mittlerweile in eine der starken europäischen Ligen, so wie Melanie Leupolz, die in England beim FC Chelsea erfolgreich ist.

FANWISSEN

In Deutschland haben sich in den letzten Jahren die Frauenmannschaften des VfL Wolfsburg und des FC Bayern München an der Spitze etabliert. Sie dominieren nicht nur die Bundesliga, sondern gehören auch in der Champions League in jeder Saison zu den Favoriten. Bei den Titeln im DFB-Pokal führt Wolfsburg aber mit deutlichem Vorsprung.

STARS IN EUROPA

Einer der größten internationalen Stars des Frauenfußballs spielte jahrelang in Schweden: Marta Vieira da Silva, genannt Marta. Die brasilianische Stürmerin schoss vier Jahre lang ihre Tore für Umeå IK, später trug sie drei Jahre lang das Trikot des FC Rosengård. Eine Französin ist Rekordspielerin der Champions League: Niemand stand häufiger auf dem Platz als Verteidigerin Wendie Renard. Mit Olympique Lyon ist sie Dauersiegerin der französischen Meisterschaft und der Champions League. Deutsche Nationalspielerinnen kicken immer häufiger im Ausland: Dzsenifer Marozsán wirbelte schon im Mittelfeld von Lyon, Melanie Leupolz schnürte die Schuhe für den FC Chelsea und Sara Däbritz für Paris Saint-Germain.

Die brasilianische Stürmerin Marta beim schwedischen FC Rosengård 2015

Im Finale der EM 2021 besiegte Italien England mit 3:2 im Elfmeterschießen – beide Torhüter konnten dabei zwei Elfmeter abwehren!

ALLE VIER JAHRE:

DAS BESTE TEAM EUROPAS

Um herauszufinden, welche Nationalmannschaft Europas die beste ist, wird alle vier Jahre ein großes Turnier veranstaltet. Dabei treten die stärksten Nationen gegeneinander an, um den neuen Europameister zu ermitteln.

Die 55 Länderverbände des europäischen Fußballverbands UEFA können theoretisch alle an der Europameisterschaft teilnehmen. Weil ein Turnier mit 55 Mannschaften allerdings viel zu lange dauern würde, sind nur die 24 besten Teams Europas dabei. Und um die zu ermitteln, gibt es im Vorfeld eine Qualifikation. Dabei spielen alle Verbände in kleinen Gruppen gegeneinander. Wer sich dabei durchsetzt, darf dann zur Europameisterschaft.

DER MODUS

Das große Ziel der EM ist natürlich das Finale. Doch bis es so weit ist, muss sich ein Nationalteam in mehreren Runden durchsetzen. In den Vorrundengruppen spielen jeweils vier Teams gegeneinander.

Der Rekordspieler: Kein Spieler stand bei mehr EM-Spielen auf dem Rasen als Cristiano Ronaldo. 2016 wurde er mit Portugal Europameister.

Wer am Ende der Gruppenphase auf den ersten beiden Plätzen liegt, darf eine Runde weiter, ebenso die vier besten Drittplatzierten aus allen Gruppen. Danach geht es über das Achtelfinale ins Viertel- und dann ins Halbfinale. Wer in diesen Spielen gewinnt, kommt jeweils eine Runde weiter. Der Verlierer scheidet sofort aus. Am Ende wartet das Finale, bei dem es um den begehrten Pokal geht. Übrigens: Anders als bei einer Weltmeisterschaft gibt es bei einer EM kein Spiel um Platz drei.

DIE SPIELORTE

Ursprünglich fand die EM immer in verschiedenen Stadien eines europäischen Landes statt. 1972 beispielsweise gewann Deutschland den Titel in Belgien. Dänemark wurde 1992 überraschend in Schweden Europameister.

Seit dem Turnier 2000 dürfen aber auch mehrere Länder gemeinsam das Turnier veranstalten. Damals fand die EM in Belgien und den Niederlanden statt. 2021 gab es dann noch einmal eine ganz besondere Neuerung: Jetzt wurde die Europameisterschaft sogar in elf Städten in ganz Europa ausgetragen. Das nächste Turnier 2024 wird dann wieder »klassisch«: Es findet ausschließlich in Deutschland statt.

Die EM 2024 findet in zehn deutschen Städten statt: Hamburg, Berlin, Gelsenkirchen, Dortmund, Düsseldorf, Köln, Leipzig, Frankfurt, Stuttgart und München.

UEFA EURO2024 GERMANY

DIE FRAUEN-EM

Seit 1984 gibt es regelmäßig eine Europameisterschaft für Frauen-Nationalteams. Mittlerweile findet sie ebenfalls alle vier Jahre statt und auch die Qualifikation verläuft ähnlich wie bei den Männern. Lange Jahre war Deutschland der Dauer-Europameister. Von 12 Turnieren konnte die DFB-Elf acht gewinnen – am deutlichsten 2009, als sie England im Finale mit 6:2 schlug. Insgesamt 16 Mannschaften nehmen mittlerweile an der Europameisterschaft teil. Beim ersten Turnier 1984 hingegen waren es nur vier Teams.

Der Nations-League-Pokal der Saison 2020/2021 ging an Frankreich.

FANWISSEN

Seit 2018 gibt es ein weiteres europäisches Turnier: die Nations League. Wie der Name schon sagt, wird diese allerdings in einer Art Liga-System ausgetragen, das insgesamt ein Jahr lang dauert. Die Nationalteams Europas sind dabei in verschiedene Ligen eingeteilt: von der ersten Liga (A) bis zur vierten (D). Sie spielen um den Auf- bzw. Abstieg. Am Ende ermitteln die besten Mannschaften der Liga A in einem Finale den Sieger der Nations League.

WINNERS
UEFA WOMEN'S EURO • 2009

Der EM-Pokal der Frauen

Ihn bekommt das Europameister-Team der Männer überreicht: den Henri-Delaunay-Pokal.

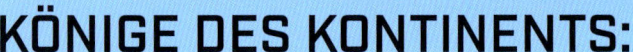

KÖNIGE DES KONTINENTS:

DIE EM-SIEGER

Seit 1960 wird alle vier Jahre das Europameisterschaftsturnier ausgetragen. Seitdem konnten zehn verschiedene Nationalmannschaften den Titel erringen. Auf dieser Seite findest du alle Gewinner.

 **DEUTSCHLAND:**
1972, 1980, 1996

Besondere Stars: *Bastian Schweinsteiger.* Kein deutscher Nationalspieler hat mehr EM-Spiele bestritten. Bei vier Turnieren stand er insgesamt 18 Mal auf dem Platz.

Besonders: Deutschland war bis zur Wiedervereinigung bei Europameisterschaften nur mit dem westdeutschen DFB vertreten. Der Fußballverband der DDR – der Deutsche Fußball-Verband – schaffte nie die Qualifikation.

   SPANIEN: *1964, 2008, 2012*

Besondere Stars: *Iker Casillas.* Der Torhüter wurde für fünf Europameisterschaften nominiert. Er spielte zwar nur bei dreien davon, dafür wurde er aber zweimal Europameister.

Besonders: Alle großen Turniere zwischen 2008 und 2012 gewann Spanien – neben den Europameisterschaften auch die Weltmeisterschaft 2010. Das hatte zuvor noch kein europäisches Team geschafft.

Iker Casillas und Gianluigi Buffon vor dem Finalspiel der EM 2012

  FRANKREICH:
1984, 2000

Besondere Stars: *Michel Platini.* Der ehemalige UEFA-Präsident hält immer noch den EM-Torrekord für Frankreich. Bei nur einem Turnier gelangen ihm neun Treffer. Mehr Tore haben andere französische Stürmer auch bei mehreren Turnier-Teilnahmen nicht geschossen.

Besonders: Die bisher erfolgreichste Zeit erlebte die französische Nationalmannschaft innerhalb von zwei Jahren. 1998 gewann sie die Weltmeisterschaft im eigenen Land, zwei Jahre später wurde sie Europameister.

  ITALIEN: *1968, 2021*

Besondere Stars: *Gianluigi Buffon.* Zwischen 2004 und 2016 nahm der italienische Nationaltorhüter an allen vier EM-Turnieren teil – Rekord in seinem Land. Den Titel konnte er in dieser Zeit allerdings nicht gewinnen.

Besonders: Italien ist die bisher einzige Mannschaft, die ein EM-Turnier gewann, das nicht im richtigen Jahr ausgetragen wurde. Wegen der Corona-Pandemie wurde die Europameisterschaft 2020 um ein Jahr verschoben, Italien wurde also EM-Sieger 2020 im Jahr 2021.

RUSSLAND: *1960*

Besondere Stars: *Sergey Ignashevich.*
Der Rekordnationalspieler seines Landes bestritt auch die meisten EM-Spiele aller russischen Fußballer. Bei zehn Partien stand er auf dem Feld.

Besonders: Den einzigen EM-Titel gewann die damalige Sowjetunion 1960. Im Tor stand Lew Jaschin, der als einer der besten Torhüter aller Zeiten gilt.

TSCHECHIEN: *1976*

Besondere Stars: *Tomáš Rosický.*
Der ehemalige Star von Borussia Dortmund nahm genauso wie Torhüter Petr Čech und Mittelfeldspieler Jaroslav Plašil viermal an einer Europameisterschaft teil. Damit sind sie die Rekordspieler ihres Landes.

Besonders: Den Titel gewann die damalige Tschechoslowakei 1976 im Finale gegen Deutschland. Und zwar im Elfmeterschießen. Nach der Verlängerung hatte es 2:2 gestanden, im Elfmeterschießen trafen alle Schützen. Bis auf Uli Hoeneß, der den Ball über das Tor drosch – ein legendärer Fehlschuss, an den sich viele Fans erinnern.

NIEDERLANDE: *1988*

Besondere Stars: *Patrick Kluivert.*
Sechs Tore schoss der Stürmer insgesamt bei zwei EM-Turnieren und hält damit gemeinsam mit Ruud van Nistelrooy den Torrekord seines Landes.

Besonders: Den Niederländern wird häufig die Favoritenrolle auf den Titel zugesprochen, weil sie für besonders guten Fußball bekannt sind. Dabei wurden sie erst einmal Europameister: 1988 in Deutschland.

DÄNEMARK: *1992*

Besondere Stars: *Peter Schmeichel.* Der beliebte Torhüter nahm an vier EM-Turnieren teil – so vielen wie sonst kein anderer dänischer Nationalspieler.

Besonders: Dänemark hatte sich eigentlich gar nicht für das Turnier 1992 qualifiziert. Erst zehn Tage vor Beginn rückten die Skandinavier für das damalige Jugoslawien nach, das kurzfristig ausgeschlossen worden war. Mit Mut und Euphorie schafften es die Dänen ins Finale und schlugen dort das deutsche Team.

Oben: Tomáš Rosický bei seinem Abschiedsspiel 2018 mit seinem Vater

Rechts: Angelos Charisteas und Otto Rehhagel mit dem Pokal der EM 2004

GRIECHENLAND: *2004*

Besondere Stars: *Angelos Charisteas.* Der Stürmer erzielte die zweitmeisten Tore für die griechische Nationalmannschaft. Vor allem eines sticht dabei heraus: der 1:0-Siegtreffer im Finale der Europameisterschaft 2004.

Besonders: Der Titelgewinn 2004 war eine echte Sensation. Kein Experte hatte im Vorfeld auf die Griechen gewettet. Das Team wurde vom deutschen Trainer Otto Rehhagel zum Sieg gecoacht.

PORTUGAL: *2016*

Besondere Stars: *Cristiano Ronaldo.* Die meisten EM-Teilnahmen, die meisten EM-Spiele, die meisten EM-Tore – der Stürmer führt alle Europameisterschaftsranglisten an.

Besonders: Ausgerechnet im Finale 2016 gegen Frankreich musste Cristiano Ronaldo bereits nach 25 Minuten ausgewechselt werden, weil er sich verletzt hatte.

Fußballgeschichte bei der EM 2004: Der einstige Star und Kapitän der portugiesischen Nationalmannschaft Luis Figo wird gegen den jungen Stürmer Cristiano Ronaldo – damals noch mit der Nummer 17 – ausgewechselt.

Überall auf der Welt wird der Fußball gefeiert – wie hier von den Fans des argentinischen Clubs Boca Juniors

7:

DIE FUSSBALL WELT

> **»Die Schweden sind keine Holländer – das hat man ganz genau gesehen!«**
>
> Franz Beckenbauer,
> ehemaliger deutscher Teamchef

Logisch. Die Deutschen sind ja auch keine Franzosen. Und die Italiener keine Spanier. Was Franz Beckenbauer als TV-Experte während der EM 2000 sagen wollte: Jedes Team hat seine eigene Spielweise. Gerade zwischen den Kontinenten unterscheidet sich der Fußball, obwohl das Spiel dasselbe ist. Besonders gut ist das bei einer WM zu sehen. Doch mittlerweile sind alle Teams super auf jeden Gegner vorbereitet. Als Teamchef der Nationalmannschaft hatte der »Kaiser« eh seine spezielle Sicht: »Geht's raus, und spielt's Fußball«, hat er seinen Jungs gesagt. Anders ausgedrückt: Habt Spaß, das ist das Wichtigste.

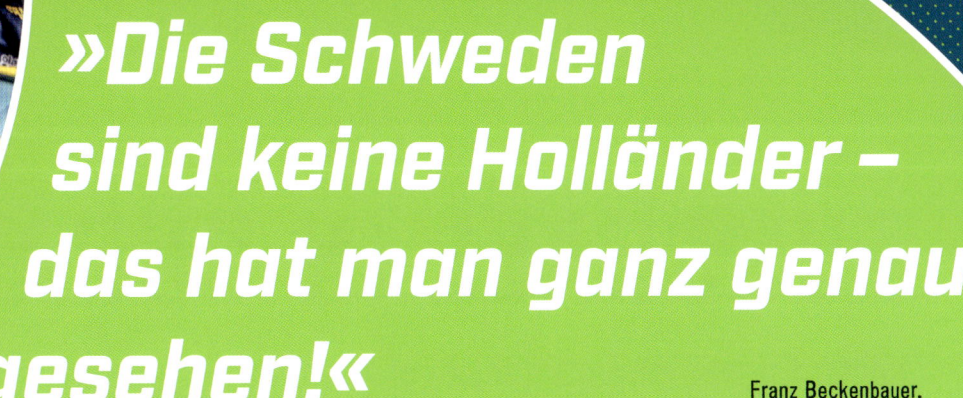

Franz Beckenbauer wurde als Teamchef mit Deutschland 1990 Weltmeister.

Beste Voraussetzung für eine perfekte Technik am Ball: das Training am Strand

BRASILIEN & CO.:

FUSSBALL IN SÜDAMERIKA

Neben Europa ist der Fußball vor allem in Südamerika groß. Die besten Spieler zaubern in Brasilien und Argentinien. Aber auch z. B. in Uruguay hat Fußball einen hohen Stellenwert. Südamerikanische Fans gelten als besonders enthusiastisch.

Amerika besteht aus zwei Kontinenten, die sich in der Leidenschaft für Fußball deutlich voneinander unterscheiden. In den nordamerikanischen Ländern USA und Kanada spielt Fußball fast gar keine Rolle und steht klar hinter Sportarten wie American Football, Eishockey und Basketball zurück. Nur in Mexiko gibt es schon lange eine große Begeisterung fürs Kicken. Die wahren Fußballfanatiker leben aber in Südamerika.

ZAUBERN AM BALL

Wer an brasilianischen Fußball denkt, dem kommen Kunststücke am Ball in den Sinn. Südamerikanische Fußballer – und ganz besonders die aus Brasilien – spielen häufig sehr trickreich und behandeln den Ball so, wie es viele andere Spieler nicht können. Manche Fans sagen sogar, dass die Spieler mit dem Ball tanzen würden. Das hat bestimmt verschiedene Gründe: Viele Brasilianer lernen das Fußballspielen eher auf staubigen, unebenen Plätzen als auf gepflegten Fußballfeldern, wie es sie beispielsweise überall in Deutschland gibt. In Brasilien wird sogar häufig am Strand Fußball gespielt. Auf einem solchen Untergrund muss man ganz besonders gut mit dem Ball umgehen können. Die Spieler brauchen eine feine Technik, müssen den Ball häufig berühren, ihn dribbeln und jonglieren, damit sie ihn unter Kontrolle haben und er ihnen nicht wegspringt. So trainieren viele junge Spieler schon früh Techniken, die sie später auf einem großen Fußballfeld zu Ballkünstlern machen.

CONMEBOL

Die CONMEBOL (spanisch: *Confederación Sudamericana de Fútbol*, deutsch: Südamerikanische Fußball-Konföderation) ist der Kontinentalverband der nationalen Fußballverbände Südamerikas – vergleichbar mit der UEFA in Europa.

Die Verbände aus zehn südamerikanischen Ländern gehören der CONMEBOL an: Argentinien, Bolivien, Brasilien, Chile, Ecuador, Kolumbien, Paraguay, Peru, Uruguay und Venezuela. Drei Länder Südamerikas gehören nicht dazu: Suriname, Guyana und Französisch-Guayana.

SÜDAMERIKANISCHE STARS

Viele südamerikanische Fußballer kennst du aus den europäischen Topligen. Häufig wechseln sie nach Europa, weil es in England, Deutschland oder Spanien mit dem Fußball mehr Geld zu verdienen gibt als in ihrer Heimat. Deshalb spielte der Argentinier Lionel Messi jahrzehntelang beim FC Barcelona und dann in Paris, der Brasilianer Giovane Élber beim FC Bayern München und der Uruguayer Edinson Cavani bei Manchester United.

SÜDAMERIKANISCHE CHAMPIONS

Bei der »Copa Libertadores« treffen die besten Vereinsmannschaften Südamerikas aufeinander. Hier sind vor allem Vereine aus Brasilien und Argentinien am erfolgreichsten. Die Boca Juniors aus Buenos Aires (Argentinien) sowie Palmeiras São Paulo (Brasilien) konnten den Pokal schon mehrfach gewinnen.

FRENETISCH IN DER KURVE

Wenn in Argentiniens Hauptstadt Buenos Aires das Lokalderby bevorsteht, befindet sich die ganze Stadt im Ausnahmezustand. Dann stehen sich die Vereine Boca Juniors und River Plate gegenüber. Die Fans beider Clubs machen einen unglaublichen Lärm im Stadion, schwenken extraviele Transparente und Fahnen und zünden häufig

Boca-Juniors-Fans im Heimstadion
»La Bombonera« (= »Pralinenschachtel«)

Die Copa Libertadores 2018 gewann River Plate gegen Boca Juniors – aber nicht in Argentinien, sondern in Madrid! Der Grund: Vor dem geplanten Endspiel hatten River-Plate-Fans den Mannschaftsbus der Boca Juniors angegriffen. Daraufhin wurde das Spiel verlegt – auf einen Ort außerhalb Argentiniens.

auch Fackeln und Rauchbomben. Das sieht spektakulär aus und verleiht den Spielen eine besondere Atmosphäre. Es ist aber auch extrem gefährlich und führt häufig zu Ausschreitungen. Dabei wurden in der Vergangenheit die gegnerischen Fans, aber auch die Spieler angegriffen, sogar Tote hat es schon gegeben.

Giovane Élber gründete zusammen mit anderen Fußballern eine Stiftung zur Förderung brasilianischer Straßenkinder, die u. a. den Bau einer Schule in seiner Heimatstadt Londrina ermöglichte.

Kinder kicken

Das Kinderhilfswerk UNICEF organisiert in Brasilien viele Projekte, bei denen benachteiligte Kinder Fußball spielen können. Helfer bauen Sportplätze und Übungsleiter trainieren Mannschaften. So können die Kinder spielen und gleichzeitig etwas über Fair Play und Respekt lernen.

Lukas Podolski spielte drei Jahre lang für den japanischen Verein Vissel Kobe.

Seit Anfang 2023 trägt Cristiano Ronaldo das Trikot des FC Al-Nassr.

JAPAN UND SÜDKOREA:

FUSSBALL IN ASIEN

Die Region des asiatischen Fußballverbands AFC ist riesig: Aus Westasien gehören Saudi-Arabien oder der Iran dazu, aus Zentralasien Indien und aus dem Osten China und Japan. Die Begeisterung für Fußball ist aber unterschiedlich groß.

In Japan und Südkorea gibt es eine große Fußballkultur. Beide Länder verfügen über starke Profiligen, zu deren Spielen zehntausende Fans in die Stadien strömen. Spätestens 2002 erlebte der Fußball in beiden Ländern einen großen Schub. In jenem Sommer richteten Südkorea und Japan gemeinsam die Fußballweltmeisterschaft aus und entfachten eine regelrechte Euphorie. In den letzten Jahren bestimmen aber ganz andere Länder aus der Region die Fußball-Schlagzeilen: die Vereinigten Arabischen Emirate, Katar und Saudi-Arabien. Zuerst wechselten viele internationale Top-Stars dorthin, die am Ende ihrer Karriere stehen: Cristiano Ronaldo oder Karim Benzema. Mittlerweile folgen ihnen aber auch immer mehr jüngere Spieler: beispielsweise Neymar oder Roberto Firmino.

MEHR GELD ALS LEIDENSCHAFT

Eigentlich wollen Fußballstars bei großen Vereinen spielen, mit denen sie Titel gewinnen und die Fans begeistern können. In Saudi-Arabien und Katar gibt es aber keinen weltberühmten Champions League Pokal zu gewinnen. Und während in Dortmund 80.000 Fans ins Stadion kommen, sind es hier oft weniger als 10.000. Für die meisten Spieler ist also vor allem das hohe Gehalt, das sie dort gezahlt bekommen, der Grund für einen Wechsel.

AFC
Die AFC (englisch: *Asian Football Confederation*, deutsch: Asiatische Fußball-Konföderation) umfasst 47 nationale Fußballverbände – darunter auch Australien.

Neben der AFC gibt es noch die OFC, die Ozeanische Fußball-Konföderation. Sie wurde 1966 von den Fußballverbänden aus Australien, Neuseeland, Fidschi und Papua-Neuguinea gegründet und besteht aktuell aus 13 Landesverbänden. Die Australier wollten aber gegen stärkere Mannschaften spielen und traten deshalb 2006 der AFC bei.

ASIATISCHE CHAMPIONS

Auch der Verband AFC veranstaltet eine Champions League für die besten Vereinsmannschaften des Kontinents. Fast immer gewinnen dabei Teams aus Saudi-Arabien, Japan oder Südkorea.

SCHLAFENDE RIESEN

In keinen anderen Ländern leben mehr Menschen als in China und Indien. Mit fast 1,5 Milliarden Einwohnern ist China das bevölkerungsreichste Land der Welt, dicht gefolgt von Indien mit fast 1,4 Milliarden Einwohnern. Bei so vielen Menschen müssten sich doch eigentlich viele gute Fußballer finden lassen. Chinas Nationalmannschaft der Frauen schaffte es auch einmal bis ins WM-Finale, dort verlor sie allerdings. Die Männer nahmen sogar nur ein einziges Mal an einer Weltmeisterschaft teil. Noch schlechter sieht es bei den indischen Nationalmannschaften aus: Weder die der Männer noch die der Frauen war jemals Teil einer WM. Das liegt sicherlich vor allem daran, dass Fußball in beiden Ländern nicht so beliebt ist wie in vielen anderen Regionen der Welt. Vor allem aber China versucht in den letzten Jahren durch große Fußballschulen, Kinder und Jugendliche für den Fußball zu begeistern. Vielleicht erwacht der »schlafende Riese« China also demnächst.

Rechts: Fußballplätze in der größten Fußballschule der Welt

Unten: Fußballfeld auf einem Schulgebäude in der chinesischen Stadt Guangzhou

Kazuyoshi Miura, genannt »King Kazu«, gilt als einer der besten japanischen Fußballspieler aller Zeiten. Zuletzt kam er allerdings selten zum Einsatz und wurde sogar an einen Club der Regionalliga verliehen.

REKORD!

56 Jahre alt wurde der japanische Fußballprofi Kazuyoshi Miura 2023. Erst in 2022 hatte er seinen Vertrag beim Erstligisten Yokohama FC verlängert. Er ist der älteste jemals aktive Fußballprofi der Welt.

Kinder kicken

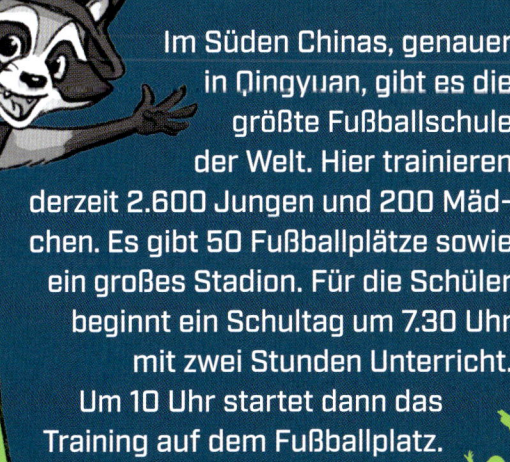

Im Süden Chinas, genauer in Qingyuan, gibt es die größte Fußballschule der Welt. Hier trainieren derzeit 2.600 Jungen und 200 Mädchen. Es gibt 50 Fußballplätze sowie ein großes Stadion. Für die Schüler beginnt ein Schultag um 7.30 Uhr mit zwei Stunden Unterricht. Um 10 Uhr startet dann das Training auf dem Fußballplatz.

Asamoah Gyan (Mitte) schoss insgesamt sechs WM-Tore für Ghana.

Zur WM 2010 kamen über drei Millionen Fans in die südafrikanischen Stadien.

SÜDAFRIKA & CO.:
FUSSBALL IN AFRIKA

Auch in Afrika ist Fußball die Sportart Nummer eins. Überall auf dem Kontinent kicken Kinder auf einfachen Bolzplätzen oder im Fußballverein. Den vorläufigen Höhepunkt erlebte der Kontinent mit der Weltmeisterschaft 2010 in Südafrika.

Die WM 2010 ist die bisher einzige Weltmeisterschaft, die auf dem afrikanischen Kontinent gespielt wurde. Gastgeber war Südafrika, die Spiele fanden in zehn Stadien überall im Land statt: vom südwestlichen Kapstadt bis zum nördlichen Polokwane. Das südafrikanische Team schlug in der Gruppenphase sogar Frankreich, für ein Weiterkommen reichte es trotzdem nicht. Es war die erste WM, bei der das Gastgeberland nicht in die K.-o.-Phase einzog. Erfolgreichstes afrikanisches Land dieser WM war Ghana, das erst im Viertelfinale gegen Uruguay ausschied. So weit waren Kamerun 1990 und der Senegal 2002 auch gekommen. Es sind die besten Ergebnisse afrikanischer Mannschaften bei Weltmeisterschaften.

DER AFRIKA-CUP

Seit 1957 wird beim Afrika-Cup (oder seltener auch Afrikameisterschaft genannt) das beste Nationalteam des Kontinents ermittelt. Anders als die EM wird der Afrika-Cup mittlerweile alle zwei Jahre ausgetragen. Das Turnier findet in der Regel zu Beginn des jeweiligen Jahrs statt. Die afrikanischen Stars, die bei Vereinen in Europa spielen, reisen dann anlässlich dieses Ereignisses zu ihrer Nationalmannschaft. Mit sieben Titeln ist Ägypten Rekordmeister des Turniers, gefolgt von Kamerun und Ghana.

CAF
Die CAF (franz.: *Confédération Africaine de Football*, deutsch: Afrikanische Fußball-Konföderation) umfasst als Kontinentalverband 56 Nationalverbände in Afrika, die sich in sechs Regionalzonen aufteilen.

Die sechs Regionalzonen der CAF: Zur nördlichen Zone (hellblau) gehören u. a. Ägypten und Marokko.

Der Westen ist in die Zone A (dunkelblau) mit z. B. dem Senegal und Zone B (mittelblau) mit u. a. der Elfenbeinküste unterteilt.

Der zentralen Zone (dunkelgrün) ist u. a. Kamerun zugeordnet, zum Süden (mittelgrün) gehört Südafrika. In der Ostzone (hellgrün) spielt Kenia.

Samuel Eto'o

AFRIKANISCHE STARS

Mit 18 Toren ist Samuel Eto'o der Rekordtorschütze der Afrikameisterschaften. Der Kameruner wurde insgesamt viermal zu Afrikas Fußballer des Jahres gewählt, die europäische Champions League gewann er zweimal mit dem FC Barcelona und einmal mit Inter Mailand. Mohamed Salah ist ägyptischer Nationalspieler und ein Star der englischen Premier League. 2017 wechselte er für 42 Millionen Euro Ablösesumme von der AS Rom zum FC Liverpool. So viel wurde noch für keinen anderen Wechsel eines afrikanischen Spielers gezahlt. Auch in der Bundesliga spielten schon viele afrikanische Stars. Der erfolgreichste von ihnen: Pierre-Emerick Aubameyang aus Gabun. Er schoss in 144 Spielen für Borussia Dortmund 98 Tore und überholte damit den langjährigen Rekordhalter Anthony Yeboah. Der Ghanaer hatte fast so viele Tore geschossen: Insgesamt 96 Mal traf er für den Hamburger SV und für Eintracht Frankfurt.

Mohamed Salah

Erfolgreichster afrikanischer Stürmer der Bundesligageschichte: Pierre-Emerick Aubameyang

AFRIKANISCHE CHAMPIONS

Die erfolgreichsten Vereinsmannschaften Afrikas sind mit weitem Abstand ägyptische Teams. Der Al Ahly SC aus der Hauptstadt Kairo ist ungeschlagener Rekordmeister der Champions League. Und auch sonst dominieren vor allem nordafrikanische Clubs den Wettbewerb. Wenn in den letzten Jahren Al Ahly nicht gewinnen konnte, setzten sich Teams aus Marokko oder Tunesien durch.

Rechts: Bolzplatz in Marrakesch, Marokko

Unten: Straßenfußball in Ghana

Kinder kicken

In Deutschland gibt es einige Hilfsorganisationen, die Fußballtrainer und -trainerinnen für bestimmte Projekte in afrikanische Länder schicken. Dort trainieren sie Kinder und Jugendliche auf den Plätzen der Hilfsorganisationen oder bilden Trainer aus. Mit Spenden werden Ausrüstung und Material finanziert.

Überall blau, weiß und rot beim Finale der WM 2018 in Russland ...

... am Ende besiegt Frankreich Außenseiter Kroatien mit 4:2.

ALLE VIER JAHRE:

DIE MÄNNER-WM

Eine Weltmeisterschaft ist der wichtigste und bedeutendste Wettbewerb, den es im Fußball gibt. Alle vier Jahre kommen die besten Teams der Erde zusammen, um zu ermitteln, welche die führende Nationalmannschaft der Welt ist.

Hochspannung im Maracanã-Stadion von Rio de Janeiro. Es läuft die Verlängerung des Weltmeisterschaftsfinales 2014 zwischen Deutschland und Argentinien. Auf der linken Seite bekommt André Schürrle den Ball. Er war nach einer guten halben Stunde eingewechselt worden, weil Christoph Kramer nach einem Zusammenprall eine Gehirnerschütterung erlitten hatte und vom Platz musste. Jetzt, in der 113. Spielminute, legt sich Schürrle den Ball zurecht und flankt in die Mitte. Dort läuft Mario Götze. Der Stürmer wurde auch erst eingewechselt. Kurz vor dem Ende der regulären 90 Minuten hatte er Miroslav Klose ersetzt. Götze nimmt Schürrles Flanke mit der Brust an, lässt den Ball abprallen und schiebt ihn dann mit dem linken Fuß ins argentinische Tor. Deutschland geht mit 1:0 in Führung, gewinnt das Spiel und wird zum vierten Mal Weltmeister.

WELTMEISTER DEUTSCHLAND

Deutschland gehört mit Italien und nach Brasilien zu den erfolgreichsten Nationen bei Weltmeisterschaften. Zu jedem der vier deutschen WM-Titel gibt es eine besondere Geschichte. Der erste Titel 1954 kam für viele Experten überraschend, es war das erste Turnier, an dem Deutschland nach dem Zweiten Weltkrieg wieder teilnehmen durfte. Das zweite Mal wurde die Nationalmannschaft 1974 im eigenen Land Weltmeister. 1990, beim dritten Titel, stand die Wiedervereinigung von West- und Ostdeutschland kurz bevor, das Turnier war das letzte, an dem nur westdeutsche Spieler teilnahmen. Und 2014 in Brasilien gelang der deutschen Nationalmannschaft etwas, das zuvor noch nie geklappt hatte: Als erste europäische Auswahl gewann sie ein Turnier in Südamerika.

In der Verlängerung des WM-Finales 2014 schießt Mario Götze Deutschland zum Weltmeistertitel.

QUALIFIKATION

Von Andorra über Madagaskar und Sri Lanka bis hin zu Zypern – mehr als 200 Nationalverbände sind Mitglieder des Weltfußballverbands FIFA. Sie alle würden natürlich gern alle vier Jahre an den Weltmeisterschaftsturnieren teilnehmen. Nur 32 Mannschaften starten aber tatsächlich bei dem Turnier, weshalb es im Vorfeld eine mehrjährige Qualifikation gibt. Die Nationalverbände eines Kontinents spielen untereinander aus, wer von ihnen zur WM anreisen darf. Aus der starken Fußballregion Europa dürfen mit Abstand die meisten Nationen teilnehmen: 13 Plätze werden an europäische Teams vergeben.

WELTMEISTERLICHE ORTE

Das Weltmeisterschaftsturnier findet alle vier Jahre in einer anderen Region statt. Jeder Nationalverband kann sich um die Ausrichtung bewerben, eine FIFA-Versammlung stimmt dann ab, wo gespielt werden soll. Dabei werden in der Regel nicht nur die Ausrichterländer, sondern auch die Kontinente gewechselt. Für das Finale und damit den Ort, an dem der Weltmeister schließlich den Pokal überreicht bekommt, wählt das Gastgeberland in der Regel das größte und schönste Stadion des Landes aus.

FIFA

Die FIFA (franz.: *Fédération Internationale de Football Association*) ist der 1904 gegründete Weltfußballverband. Darin sind alle sechs Fußball-Kontinentalverbände organisiert: UEFA, CONMEBOL, CONCACAF, AFC, OFC und CAF.

Die FIFA ist zuständig für die Fußball-WM der Männer (seit 1930) und der Frauen (seit 1991), außerdem für die U17- und U20-WMs der Männer und Frauen, die olympischen Fußballturniere und die FIFA-Klub-Weltmeisterschaft (seit 2000). Darüber hinaus organisiert sie die Futsal-WM und die Beachsoccer-WM.

FANWISSEN

Seit der Weltmeisterschaft 2006 in Deutschland haben die Fans eine besondere Vorliebe: Die wichtigen Spiele einer WM werden auf großen Leinwänden auf Marktplätzen, in Parks oder in Fußballstadien übertragen. Dort versammeln sich dann tausende Fans, um die Spiele gemeinsam zu schauen und aus der Ferne mit ihren Teams mitzufiebern. Diese Veranstaltungen werden *Public Viewing* (englisch für »öffentliches Schauen«) oder auch »Rudelgucken« genannt.

Eine Weltmeisterschaft ist auch immer ein tolles Fest für die Fans, bei dem sie Menschen aus aller Welt kennenlernen können.

Ihn hätten gern alle Fußballer der Welt einmal in den Händen: den 6 Kilogramm schweren WM-Pokal.

2023 zum ersten Mal Frauen-Weltmeister: Spanien

Als beste Spielerin der WM 2023 ausgezeichnet: die Spanierein Aitana Bonmatí.

DIE BESTEN FUSSBALLERINNEN:

DIE FRAUEN-WM

Die Geschichte der Frauen-WM ist noch vergleichsweise kurz. Erst 1991 wurde das Turnier das erste Mal ausgetragen, seitdem findet es alle vier Jahre in einem anderen Land statt. Unangefochtener Rekordsieger ist das Team aus den USA.

In den ersten 20 Jahren der WM-Geschichte führte kein Weg an diesen beiden Fußball-Nationen vorbei: den USA und Deutschland. Im Finale des Turniers stand immer eins der beiden Teams. Deutschland gewann zweimal, die USA sogar viermal. Doch die WM 2023 änderte alles: Deutschland schied in der Vorrunde aus, die USA im Achtelfinale. Zum ersten Mal in der Geschichte fand ein Finale ohne eine dieser Mannschaften statt.

2019 gewinnt das Team der USA den vierten WM-Titel.

DIE ERSTE WM

Das erste Frauen-Weltmeisterschaftsturnier wurde 1991 in China ausgetragen. Die Spiele fanden vor so vielen Zuschauern statt, wie man es damals nicht kannte und es auch heute noch selten ist. Zum Eröffnungsspiel zwischen China und Norwegen sowie zum Finale kamen jeweils mehr als 60.000 Menschen ins Stadion. Durchschnittlich hatten die Spiele knapp 20.000 Stadionbesucher. Das waren schon so viele Menschen, wie auch heute bei WM-Spielen live zuschauen. Die Fans bekamen damals übrigens nicht so lange Fußball geboten wie heute. Bei der ersten WM gab es nämlich noch die Regelung, dass ein Spiel nur zweimal 40 Minuten dauern sollte. Mittlerweile spielen natürlich auch die Frauen zweimal 45 Minuten.

46,5 Zentimeter hoch und 4,6 Kilogramm schwer: der Pokal »FIFA Women's World Cup«

ZUM ERSTEN MAL ZUM TITEL

Ein echter Überraschungs-Weltmeister: Vor 2023 nahm Spanien erst zweimal an einer Frauen-WM teil. 2015 holten sie nur einen Punkt und flogen in der Vorrunde aus dem Turnier. 2019 reichte es immerhin bis zum Achtelfinale. Vier Jahre später gewann die spanische Auswahl dann für viele überraschend den ersten WM-Titel. Brasilien hingegen muss darauf immer noch warten. Anders als bei den Männern konnte die Frauen-Auswahl das Turnier noch nie gewinnen. Bei der WM 2007 wäre es fast so weit gewesen. Im Finale unterlagen sie allerdings Deutschland mit 0:2. Immerhin zwei andere Rekorde halten die Südamerikanerinnen: Mit 17 Treffern ist Marta die WM-Rekordtorschützin. Die 27 WM-Spiele von Formiga sind auch einsamer Rekord.

DOPPELTE WELTMEISTER

Neben der Weltmeisterschaft gibt es noch ein anderes hochklassiges Fußballturnier, das alle vier Jahre ausgetragen wird: das olympische. Bei den Olympischen Spielen treten im Männerfußball ausschließlich die besten Spieler gegeneinander an, die jünger als 21 Jahre sind. Bei den Frauen gibt es diese Altersbeschränkung nicht. Insofern finden streng genommen eigentlich im Zwei-Jahres-Rhythmus Fußballturniere statt, bei denen die beste Mannschaft der Welt gesucht wird: die WM und Olympia.

Älteste Spielerin einer WM und mit sieben Teilnahmen Rekordhalterin: die Brasilianerin Miraildes Maciel Mota, genannt Formiga

 USA: *1991, 1999, 2015, 2019*

Besondere Stars: *Megan Rapinoe.* Sie wurde 2015 und 2019 Fußballweltmeisterin mit dem Team der USA und gewann 2012 das Fußballturnier der Olympiade. 2019 wurde sie zur Weltfußballerin gewählt. Rapinoe kämpft für Gleichberechtigung und engagiert sich gegen Rassismus.

Besonders: Mit über 50 WM-Spielen und über 40 WM-Siegen ist das Team der USA mit Abstand Rekordhalter.

 **DEUTSCHLAND:** *2003, 2007*

Besondere Stars: *Birgit Prinz.* Sie ist mit 24 Spielen Deutschlands WM-Rekordspielerin und mit 14 WM-Treffern ebenfalls die Rekordtorschützin.

Besonders: Die deutsche Nationalmannschaft nahm an bisher allen WM-Turnieren der Geschichte teil. Zweimal – 2003 und 2007 – gewann Deutschland den Titel.

 NORWEGEN: *1995*

Besondere Stars: *Ann Kristin Aarønes.* Sie hält mit zehn Treffern Norwegens WM-Torschützinnen-Rekord. 1995 gewann sie mit ihrer Mannschaft den Weltmeistertitel beim Turnier in Schweden.

Besonders: Eine Norwegerin vergab den ersten Elfmeter der WM-Geschichte. Tone Haugen traf 1991 im Spiel gegen China nicht ins Tor.

 JAPAN: *2011*

Besondere Stars: *Saki Kumagai.* Sie gewann mit ihrem Team die WM 2011, die in Deutschland ausgetragen wurde. Im Finale setzte sich Japan gegen die USA im Elfmeterschießen durch, bei dem Kumagai den letzten Treffer erzielte.

Besonders: Die Auswahl Japans ist das einzige asiatische Team, das sich für alle bisherigen Weltmeisterschaften qualifizieren konnte.

Matthäus gegen Maradona im Finale der WM 1990

KÖNIGE DER KUGEL:

DIE WELTMEISTER

In den über 90 Jahren WM-Geschichte haben bisher acht verschiedene Nationen mindestens einmal den Weltmeistertitel errungen. Am häufigsten ging der WM-Pokal an Teams aus Europa. Alle anderen Weltmeister kamen aus Südamerika.

BRASILIEN: *1958, 1962, 1970, 1994, 2002*

Besondere Stars: *Ronaldo.* Der Stürmer ist bester WM-Torschütze Brasiliens und mit 15 Treffern nach Miroslav Klose auch der zweiterfolgreichste der Welt. 2002 schoss er Brasilien gleich mit zwei Toren im Finale gegen Deutschland zum fünften WM-Erfolg.

Besonders: Brasilien ist das einzige Nationalteam der Welt, das bisher bei allen WM-Turnieren dabei war.

DEUTSCHLAND: *1954, 1974, 1990, 2014*

Besondere Stars: *Lothar Matthäus.* Der Rekordnationalspieler Deutschlands hat auch die meisten WM-Turniere bestritten. Zwischen 1982 und 1998 war er bei allen fünf Weltmeisterschaften dabei und konnte den Pokal 1990 als Kapitän entgegennehmen.

Besonders: Der erste deutsche WM-Titel von 1954 wird als »Wunder von Bern« bezeichnet. Im Finale in Bern schlug Deutschland überraschend das Team aus Ungarn.

ITALIEN: *1934, 1938, 1982, 2006*

Besondere Stars: *Paolo Maldini.* Mit 23 Einsätzen ist der Verteidiger der Italiener mit den meisten WM-Spielen. Den Titel gewinnen konnte er nie, auch wenn er zweimal knapp davor war. 1990 wurde Italien Dritter, 1994 scheiterte die Mannschaft sogar erst im Finale.

Besonders: Den letzten WM-Titel gewannen die Italiener 2006 bei der Weltmeisterschaft in Deutschland. Im Finale schlugen sie Frankreich im Elfmeterschießen.

Der zweimalige Weltmeister und Stürmer-Star Ronaldo gehört zu den erfolgreichsten Torschützen überhaupt. Er ist übrigens nicht mit dem Portugiesen Cristiano Ronaldo verwandt.

WM 1958: Die französische Mannschaft feiert ihren Top-Stürmer Just Fontaine.

FRANKREICH: *1998, 2018*

Besondere Stars: *Just Fontaine.* Nur eine einzige WM reichte dem Stürmer, um immer noch der viertbeste WM-Torschütze aller Zeiten zu sein. Beim Turnier 1958 schoss er 13 Tore und liegt damit nur drei Treffer hinter Miroslav Klose als bestem WM-Schützen.

Besonders: Frankreich nahm als eines von nur vier Teams aus Europa an der ersten WM 1930 in Uruguay teil. Den anderen Nationen war die Anreise zu beschwerlich. Immerhin mussten die Mannschaften aus Europa drei Wochen lang mit dem Schiff fahren.

Gary Lineker 1986

ARGENTINIEN: *1978, 1986, 2022*

Besondere Stars: *Lionel Messi.*
2022 spielte Messi seine insgesamt fünfte Weltmeisterschaft - mehr Teilnahmen hat kein anderer Spieler. Und dann gewann er auch noch das Finale, bei dem er zweimal traf.

Besonders: Schon drei Mal standen sich Argentinien und Deutschland in einem WM-Finale gegenüber. 1986 gewann Argentinien, 1990 und 2014 siegte Deutschland.

Wandbemalung in Argentinien nach dem Tod Diego Maradonas im Jahr 2020

URUGUAY: *1930, 1950*

Besondere Stars: *Edinson Cavani.* Der Stürmer schoss Uruguay mit zehn Toren in der Qualifikation zur WM 2018. Damit war er der beste Torschütze ganz Südamerikas.

Besonders: Uruguay war der erste Fußballweltmeister der Geschichte. Das Turnier fand 1930 im eigenen Land statt. Im Finale wurde Argentinien mit 4:2 geschlagen.

ENGLAND: *1966*

Besondere Stars: *Gary Lineker.*
Der Stürmer ist nach wie vor Englands bester WM-Torschütze. Bei den Turnieren 1986 und 1990 erzielte er insgesamt zehn Treffer.

Besonders: Im Finale gegen Deutschland im Wembley-Stadion fiel 1966 das berühmte »Wembley-Tor«. Der Stürmer Geoff Hurst schoss den Ball gegen die Latte, der Ball sprang nach unten und nach langen Diskussionen gab der Schiedsrichter das Tor, was zum 3:2-Sieg für England führte. Ob der Ball wirklich im Tor war, konnte bis heute nicht geklärt werden.

SPANIEN: *2010*

Besondere Stars: *Xavi.*
Der frühere Mittelfeldregisseur ist einer von vier Spaniern, die an vier Weltmeisterschaften teilnahmen. 2010 führte er sein Team in Südafrika zum Titel.

Besonders: Erst ein einziges Mal fand eine Weltmeisterschaft auf dem afrikanischen Kontinent statt: 2010 in Südafrika. Bei diesem Turnier sicherte sich Spanien seinen ersten und einzigen WM-Titel.

Xavi feiert mit Andrés Iniesta, der im Finalspiel der WM 2010 das Siegtor gegen die Niederlande schoss.

Grätschen sind nicht nur für die Gegenspieler gefährlich. Auch der Rasen leidet darunter!

8:

DAS SPIELFELD

»Wenn wir hier nicht gewinnen, dann treten wir ihnen wenigstens den Rasen kaputt.«

Rolf Rüssmann, ehemaliger Manager
von Borussia Mönchengladbach

Als der Fußballmanager Rolf Rüssmann einst mit seinem Verein Borussia Mönchengladbach gegen Borussia Dortmund antreten musste, war ihm klar, dass die Siegchancen für sein Team nicht besonders hoch waren. Also kündigte er an: Wenn er schon nicht drei Punkte gewinnen konnte, wollte er dem Gegner wenigstens anderweitig schaden: mit der Zerstörung des Rasens. Dafür braucht es kein spielerisches Können, sondern nur grobe Kraft und Stollen unter den Schuhen. Natürlich meinte Rüssmann den Spruch damals nicht wirklich ernst. Aber er zielte damit trotzdem auf das Heiligste eines jeden Vereins: den Rasen im eigenen Stadion.

Rolf Rüssmann war bei den Fans vor allem wegen seiner lockeren Sprüche beliebt.

Ein Ascheplatz braucht wenig Pflege ...

... ein Rasenplatz dafür umso mehr!

HIER WIRD GESPIELT:

DER FUSSBALLPLATZ

Fußballer haben es gut: Sie haben zwei Wohnzimmer. In dem einen können sie nach dem Spiel die Füße hochlegen, im anderen spielen sie. Denn viele Spieler, aber auch Fans, bezeichnen das Stadion ihrer Mannschaft als ihr Wohnzimmer.

Fußball kann auf unterschiedlichen Untergründen gespielt werden. Der Bolzplatz bei dir um die Ecke hat vielleicht einen Betonboden. Der Kreisklasse-verein deines Orts spielt auf einem Ascheplatz. Dein Lieblingsclub in der Bundesliga gewinnt die Heim-spiele auf echtem Rasen. Und bei seinen Auswärts-spielen im Europapokal muss er auch schon einmal auf Kunstrasen antreten.

STAUBT UND BRENNT: ASCHE

In den großen Städten im Ruhrgebiet und bei ärmeren Vereinen findet man sie immer noch: Fußballplätze aus rotbrauner Asche. Dieser Untergrund ist günstiger, als Rasen zu säen. Außerdem ist der Platz dann auch viel ein-facher zu pflegen. Ein Ascheplatz muss selten gewässert und nie gemäht werden – und er braucht auch keinen Dünger. Dafür rollt der Ball über solche Plätze nicht so geschmeidig. An kleinen Unebenheiten und Löchern springt er aus der eigentlichen Bahn. Und wenn er nach einem hohen Schuss aufprallt, staubt der Boden. Diese kleinen Asche-wolken sind für die Spieler

genauso unangenehm wie der harte Boden. Wenn sie hinfallen oder absichtlich grätschen, schürfen sich die Spieler nicht selten die Haut auf.

GRÜN UND WEICH: RASEN

Spiele von Profimannschaften müssen in Deutsch-land auf Naturrasenplätzen ausgetragen werden. Aber auch viele Amateurvereine spielen auf echtem Grün, denn das hat eine Menge Vorteile. Der Ball rollt geschmeidig und ohne zu verspringen über das Feld. Pässe von einem zum anderen Spieler können auf dem Rasen also viel präziser gespielt werden als auf dem Ascheplatz. Weil der Bo-den weich ist und beim Laufen leicht federt, werden die Gelenke der Spieler geschont. Und wenn sie nach einem Zweikampf oder einem Kopfball auf den Boden fallen, ist die Verletzungsgefahr auf Rasen deutlich geringer.

Kann für die Gesundheit der Spieler gefährlich werden: ein Zweikampf auf einem Asche-Fußballplatz.

TÄUSCHEND ECHT: KUNSTRASEN

In den letzten Jahrzehnten hat sich der Kunstrasen auf Fußballplätzen immer mehr verbreitet. Aus der Ferne betrachtet kann man ihn kaum von einem echten Rasen unterscheiden. Aber wer auf ihm steht und die Halme berührt, bemerkt den Unterschied sofort. Genauso wie echter Rasen bestehen die Beläge aus sehr vielen Halmen. Auf einem Kunstrasenplatz sind diese allerdings aus Plastik. Die einzelnen Halme werden am Untergrund befestigt. Damit der Platz nicht stumpf wird, verteilt man kleine Kunststoffkügelchen auf dem Kunstrasen – das sogenannte Granulat. Dadurch federt der Untergrund besser und fühlt sich eher wie ein echter Rasen an. Viele Amateurvereine legen einen Kunstrasen an, weil dieser nicht so intensiv gepflegt werden muss wie echter Rasen. Im Norden und Osten Europas spielen auch Profilclubs auf Kunstrasen. Dort ist das Klima so rau, dass ein echter Rasen nur schlecht und langsam wächst.

Das Granulat von Kunstrasenplätzen besteht aus Mikroplastik und ist damit ein Problem für die Umwelt. Denn es bleibt in der Kleidung der Fußballer hängen und gelangt dann über die Waschmaschine in den Wasserkreislauf.

FANWISSEN

Der Fußballplatz in einem Stadion ist nicht einfach nur eine Wiese. Unter dem Rasen befindet sich eine Menge Technik. Mit automatischen Wassersprinklern wird der Rasen gewässert. Bei Regen sorgt ein Kanalsystem, die sogenannte Drainage, dafür, dass das Wasser abläuft. Große Lampen werden in vielen Stadien auf den Rasen gerichtet, um ihn besser wachsen zu lassen. Und sogar eine Heizung gibt es. Sie ist unter dem Rasen verlegt, damit auch im Winter auf ihm gespielt werden kann.

Beleuchtungssystem und Sprinkler im Dortmunder Signal Iduna Park.

Fußballplätze bestehen eigentlich aus mehreren Bahnen. Der Rasen wird gezüchtet und dann von großen Rollen auf dem Platz verlegt – wie hier in der Allianz Arena in München.

Verlegung einer Rasenheizung im Stadion am Böllenfalltor: Als der SV Darmstadt 98 2014 in die 2. Liga aufstieg, wurde die Installation notwendig, denn in den Stadien der 1. und 2. Bundesliga ist eine Rasenheizung Pflicht.

Die meisten Fußballplätze Deutschlands liegen nicht in einer modernen Arena, sondern sind Teil einer ganz normalen Sportanlage.

DIE GRÖSSTEN:

DEUTSCHLANDS STADIEN

In ganz Deutschland gibt es insgesamt ca. 50.000 Fußballplätze. Die meisten davon sind typische Sportplätze von Amateurmannschaften mit kleinen Vereinsheimen, einem Imbissstand und Zuschauern, die direkt am Spielfeldrand stehen.

In den großen Fußballstadien der Profis sieht das natürlich ganz anders aus. Hier stehen und sitzen die Fans auf meterhohen Tribünen, die Imbissstände sind unzählig und die Masten der Flutlichter so hoch wie ein Haus. In Deutschland gibt es ganz unterschiedliche Stadien. Manche von ihnen sind viele Jahrzehnte alt und brauchen dringend eine Renovierung. Andere sind erst vor wenigen Jahren gebaut worden und hochmodern ausgestattet. Kein Stadion gleicht dem anderen, sie alle sehen unterschiedlich aus.

DER NAME DES STADIONS

Jedes Stadion trägt einen eigenen Namen. Wobei – eigentlich sind es eher mehrere Namen. Da ist zum einen die offizielle Bezeichnung, die häufig den Namen eines Sponsors beinhaltet. Eine Firma zahlt dann viel Geld dafür, dass das Stadion nach ihr benannt wird. Viele Fans mögen das aber nicht gerne, sie nutzen lieber einen alternativen Namen oder den, den das Stadion vor dem Vertrag mit dem Sponsor hatte. Und bei internationalen Spielen wie beispielsweise einer Weltmeisterschaft wird die Arena dann häufig noch einmal ganz anders genannt. In Frank-

furt etwa trägt das Stadion offiziell den Namen einer Bank. Die Fans sprechen aber lieber vom Waldstadion. Und bei der WM 2006 hieß das Stadion offiziell »FIFA WM-Stadion Frankfurt«.

DIE MEISTEN ZUSCHAUER

Das größte Fußballstadion Deutschlands steht in Dortmund. Im Signal Iduna Park finden über 81.000 Fans Platz. Die meisten von ihnen nutzen die Sitzplätze, aber knapp 25.000 BVB-Fans stehen auf der Südtribüne. Damit ist sie die größte Stehtribüne, die es in europäischen Stadien gibt. Auf Platz zwei der größten Stadien Deutschlands liegt die Arena in München, in der der FC Bayern seine Heimspiele austrägt. Sie wurde gemeinsam mit dem Verein 1860 München gebaut. Weil der aber nicht mehr in der Bundesliga spielt und deshalb viel weniger Zuschauer zu seinen Heimspielen ins Stadion gehen, nutzt der FC Bayern die Arena mittlerweile nur noch allein. Das drittgrößte Stadion ist kein reines Fußballstadion. Im Berliner Olympiastadion spielt nicht nur Hertha BSC. Vor fast 75.000 Zuschauern werden hier beispielsweise auch Leichtathletik-Wettbewerbe veranstaltet.

DORTMUND 1

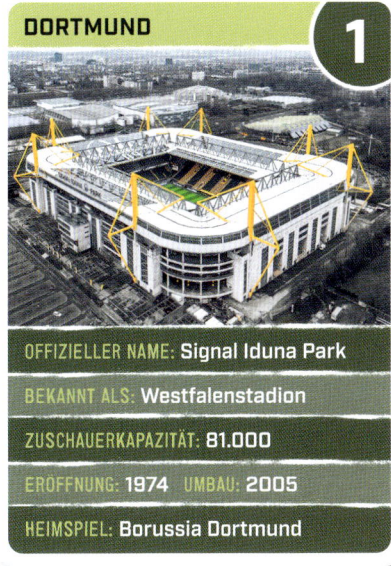

OFFIZIELLER NAME: Signal Iduna Park

BEKANNT ALS: Westfalenstadion

ZUSCHAUERKAPAZITÄT: 81.000

ERÖFFNUNG: 1974 **UMBAU:** 2005

HEIMSPIEL: Borussia Dortmund

MÜNCHEN 2

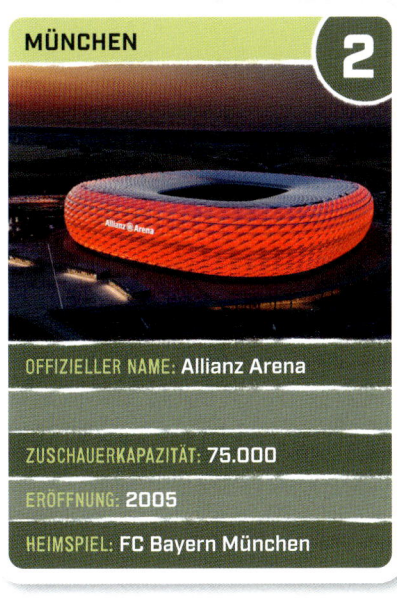

OFFIZIELLER NAME: Allianz Arena

ZUSCHAUERKAPAZITÄT: 75.000

ERÖFFNUNG: 2005

HEIMSPIEL: FC Bayern München

BERLIN 3

NAME: Olympiastadion Berlin

ZUSCHAUERKAPAZITÄT: 74.500

ERÖFFNUNG: 1936 **UMBAU:** 2004

HEIMSPIEL: Hertha BSC

GELSENKIRCHEN 4

OFFIZIELLER NAME: Veltins-Arena

BEKANNT ALS: Arena AufSchalke

ZUSCHAUERKAPAZITÄT: 62.000

ERÖFFNUNG: 2001

HEIMSPIEL: FC Schalke 04

STUTTGART 5

OFFIZ. NAME: Mercedes-Benz Arena

BEKANNT ALS: Neckarstadion

ZUSCHAUERKAPAZITÄT: 60.000

ERÖFFNUNG: 1933 **UMBAU:** 2011

HEIMSPIEL: VfB Stuttgart

HAMBURG 6

NAME: Volksparkstadion

ZUSCHAUERKAPAZITÄT: 57.000

ERÖFFNUNG: 1953 **UMBAU:** 2000

HEIMSPIEL: Hamburger SV

DÜSSELDORF 7

OFFIZIELLER NAME: Merkur Spiel-Arena

ZUSCHAUERKAPAZITÄT: 54.500

ERÖFFNUNG: 2005

HEIMSPIEL: Fortuna Düsseldorf

MÖNCHENGLADBACH 8

NAME: Borussia-Park

ZUSCHAUERKAPAZITÄT: 54.000

ERÖFFNUNG: 2004

HEIMSPIEL: Borussia Mönchengladbach

FRANKFURT 9

OFFIZIELLER NAME: Deutsche Bank Park

BEKANNT ALS: Waldstadion

ZUSCHAUERKAPAZITÄT: 51.500

ERÖFFNUNG: 1925 **UMBAU:** 2005

HEIMSPIEL: Eintracht Frankfurt

Messi, Neymar oder ter Stegen – im Camp Nou konnten die Fans schon immer die Besten der Besten spielen sehen.

DIE ALLERGRÖSSTEN:

STADIEN WELTWEIT

Die größten Stadien der Welt befinden sich in Asien, Australien und den USA – dort wird aber selten oder gar nicht Fußball gespielt. Als Fußballstadion gelten Arenen, die für den Fußball erbaut wurden oder regelmäßig dafür genutzt werden.

Das größte Fußballstadion der Welt steht in Barcelona: Im »Camp Nou« trägt der FC Barcelona seine Heimspiele aus. Dabei können über 99.000 Fans zuschauen. Ausverkauft sind die Spiele von *Barça* in der ersten spanischen Liga allerdings extrem selten. Hauptsächlich dann, wenn der große Konkurrent Real Madrid zum Topspiel vorbeischaut.

KÜRBISSE UND WEISSE ELEFANTEN

Vor der Weltmeisterschaft 2010 wurden in Südafrika zahlreiche Stadien neu oder aufwendig umgebaut. Sie sollten zu modernen Arenen für die vielen tausend Fans der Nationalmannschaften aus aller Welt werden. Während der WM waren die Stadien auch sehr gut besucht, doch nach dem Turnier zeigte sich ein großes Problem: Eigentlich werden so viele und so große Stadien in Südafrika nicht benötigt. Zu den Spielen der südafrikanischen Teams kommen viel weniger Fans als zu den WM-Spielen. Viele Stadien werden heute kaum genutzt und fangen an zu verrotten. Die Südafrikaner nennen solche teuren, aber ungenutzten Bauwerke »weiße Elefanten«. Eine Ausnahme bildet das FNB-Stadion in Johannesburg: Im größten Fußballstadion Afrikas und dem zweitgrößten der Welt finden regelmäßig die Heimspiele des Kaizer Chiefs FC statt.

95.000 Zuschauer passen in das FNB-Stadion in Johannesburg, das auch als »The Calabash« (auf Deutsch: Flaschenkürbis, wegen seiner Form) bekannt ist. Zu den Heimspielen der Kaizer Chiefs kommen aber durchschnittlich weniger als 20.000 Fans.

MYTHOS WEMBLEY

Im Londoner Wembley-Stadion fanden schon viele besondere Fußballspiele statt. Vor allem das Finale der Weltmeisterschaft 1966 zwischen England und Deutschland ist vielen Fans bekannt. Auch die meisten Finalspiele der englischen Pokalwettbewerbe wurden hier ausgetragen. 2003 wurde das alte Stadion abgerissen und an derselben Stelle das neue Wembley-Stadion gebaut. Mit exakt 90.000 Plätzen ist es das drittgrößte Fußballstadion der Welt.

SELTEN GENUTZTE RIESEN

Es gibt Stadien, die größer sind als das Camp Nou und mehr Plätze haben als Wembley. In Nordkoreas Hauptstadt Pjöngjang finden 114.000 Zuschauer im »Stadion Erster Mai« Platz. Im australischen Melbourne können 100.000 Menschen gleichzeitig im »Melbourne Cricket Ground« zu Gast sein. Und auch in den USA gibt es einige Stadien, die ein Fassungsvermögen von etwa 100.000 Zuschauern haben. In all diesen Stadien wird aber sehr selten Fußball gespielt. Sie werden hauptsächlich für Militärparaden (Nordkorea), für Cricket- und Rugby-Spiele (Australien) oder für American Football (USA) genutzt. Deshalb kann man sie nicht zu den größten Fußballstadien der Welt zählen.

FANWISSEN

Zwei der ehemals größten Fußballstadien der Welt befinden sich in Mittel- und Südamerika. Das Aztekenstadion in Mexiko-Stadt ist die bislang einzige Fußballarena, die schon zweimal Austragungsort einer WM-Eröffnung und eines WM-Finales war (1970 und 1986). Damals nahm sie über 107.000 Menschen auf. Durch Umbauten hat sich das Platzangebot auf 87.000 Zuschauer verringert. Das Maracanã-Stadion in Rio de Janeiro bot ursprünglich sogar 200.000 Zuschauern Platz. Heute sind es 79.000.

Das Maracanã im brasilianischen Rio de Janeiro

Das Aztekenstadion in Mexiko-Stadt

Im Wembley-Stadion fand das Finale der Europameisterschaft 2021 zwischen Italien und England statt.

Mit dem Schiff zum Fußballspiel: das Weserstadion in Bremen

Bei jedem Spiel ein Gipfelsturm: der Betzenberg in Kaiserslautern

WAHRE TEMPEL:
SPEZIELLE ARENEN

Der 1. FC Kaiserslautern ist ein spezieller Fußballverein. Wenn du ihn spielen sehen willst, solltest du gut zu Fuß sein. Das Fritz-Walter-Stadion thront auf dem Betzenberg über der Stadt. Vom Bahnhof aus geht es über 206 Stufen nach oben.

So wie in Kaiserslautern zeichnet auch andere Stadien ihre besondere Lage aus. In Bremen liegt das Stadion direkt am Fluss Weser. Hier können Fans mit dem Schiff zum Spiel anreisen. In Bochum brauchen Anwohner alle zwei Wochen bei den Heimspielen des VfL gute Nerven. Das Ruhrstadion ist nämlich mitten ins Wohngebiet gebaut. In Leipzig stand mit dem Zentralstadion lange Zeit die größte Arena Deutschlands. 100.000 Zuschauer fanden hier Platz. Im Jahr 2000 wurde es weitgehend abgerissen und in die alten Außenwände das neue Leipziger Stadion gebaut. Es ist hochmodern. Dafür können jetzt aber auch »nur noch« 47.000 Fans zu den Fußballspielen kommen.

SCHALKE: DER RASEN FÄHRT

Die Arena in Gelsenkirchen, Heimstätte des FC Schalke 04, verfügt über ganz spezielle Besonderheiten. Bei starkem Regen oder Schneefall kann das Dach komplett geschlossen werden. Aus dem Freiluftstadion wird dann praktisch eine Sporthalle. Außerdem kann der Rasen komplett aus dem Stadion gefahren werden. Auf Schienen wird er dann automatisch hinausbefördert, um draußen an der frischen Luft besser wachsen zu können.

Der Schalker Rasen ist der einzige in Deutschland, der aus dem Stadion gefahren werden kann.

Heutzutage eine Seltenheit: In Nürnberg gibt es noch eine Laufbahn rund um das Fußballfeld.

Das Heimstadion von Union Berlin: die »Alte Försterei«

NÜRNBERG: MIT LAUFBAHN

Früher waren Stadien häufig Multifunktionsstätten. Hier wurde nicht nur Fußball gespielt, hier fanden z. B. auch Leichtathletik-Wettbewerbe statt. Deshalb gab es in vielen Stadien rund um den Fußballplatz Laufbahnen. Heute sind die meisten Arenen der Profi-clubs reine Fußballstadien. Die Laufbahn gibt es nicht mehr, dadurch sitzen und stehen die Zuschauer viel näher am Geschehen. Aber einige Laufbahnen haben bis heute überlebt. Im Max-Morlock-Stadion des 1. FC Nürnberg gibt es noch eine, im Olympiastadion in Berlin, in dem Hertha BSC spielt, auch, genauso wie in Braunschweig im Stadion der Eintracht.

WUPPERTAL: AM ZOO

Das »Stadion am Zoo« trägt seinen Namen zu Recht. Der ehemalige Bundesligist Wuppertaler SV tritt für seine Heimspiele direkt am Zoo an. Dort wo heute die Fans auf der Tribüne sitzen, befand sich jahr-zehntelang eine Radrennbahn rund um das Spielfeld. Sie ist an manchen Stellen noch zu erkennen, heute wird das Stadion aber nur noch für Fußballspiele genutzt.

BERLIN: VON FANS GEBAUT

Der 1. FC Union Berlin ist im Stadion »An der Alten Försterei« zu Hause. Diese Fußballarena wurde 1920 ein-geweiht. Spätestens 2008 war dann dringend eine Renovierung nötig. Weil der Verein nicht genügend Geld hatte, um alle Arbeiten erledigen zu lassen, packten kurzerhand viele Union-Fans mit an. Ins-gesamt 2000 von ihnen sorgten dafür, dass die sogenannten »Eisernen« auch weiter-hin hier ihre Heim-spiele austragen können.

Mit Hörschutz beim SC Paderborn 07

Kinder kicken

Auch sehr kleine Kinder und sogar Babys dürfen zu Fußballspielen ins Stadion. Es gibt für den Einlass keine Alters-beschränkung. Allerdings ist es bei einem Fußballspiel sehr laut. Deshalb setzen viele Eltern ihren kleinen Kindern einen Hörschutz auf.

Team VfB Stuttgart: Mannschaftsarzt, Physiotherapeut, Fanbeauftragter, Zeugwart und Busfahrer

Einweisung der Ordnungskräfte vor einem Spiel

8:5
DAS SPIELFELD

HIER WIRD GEARBEITET:

JOBS IM STADION

Wenn du bei deinem nächsten Stadionbesuch genau darauf achtest, wirst du sie überall entdecken: Menschen, die mit dem Fußball ihr Geld verdienen. Zum Team eines Vereins gehören neben Spielern und Trainern noch viele weitere Mitarbeiter.

Bei den Vereinen der 1. und 2. Bundesliga arbeiten insgesamt ca. 55.000 Menschen. Nimmt man die Unternehmen dazu, die die Clubs bei den Spielen im Stadion oder im Trainingsbetrieb, im Marketing und in der Medienarbeit unterstützen, kommt man insgesamt sogar auf 250.000 Arbeitnehmer.

FÜR DIE MANNSCHAFT

Profimannschaften haben nicht nur einen einzigen Trainer, der sie betreut. Es gibt ein ganzes Team an Mitarbeitern. Die medizinische Abteilung sorgt dafür, dass die Spieler nicht nur fit sind, sondern es auch bleiben. Sie helfen bei kleinen Verletzungen und massieren die Spieler beispielsweise nach den Spielen.

Fahrer bringen die Spieler vom Mannschaftshotel zum Stadion, Köche versorgen sie auf Reisen mit gesundem Essen und der Zeugwart wäscht die Trikots.

FÜR DEN VEREIN

Wie bei einem Unternehmen arbeiten auch in einem Profiverein verschiedene Manager und Chefs. Sie sind für die Mitarbeiter des Clubs verantwortlich und handeln die Verträge mit den Profispielern aus. Neue Spieler werden von sogenannten Scouts gesucht. Ihr Job ist es, sich so viele Fußballspiele wie möglich anzuschauen, um neue Talente zu entdecken, die ihr Verein dann verpflichten kann.

Sein Name ist Programm: Seit 2017 ist der Regensburger Sternekoch Anton Schmaus für das leibliche Wohl der deutschen Nationalmannschaft zuständig.

Seit 2016 ist Christian Hochfellner der offizielle Busfahrer der deutschen Nationalmannschaft. Sein erster Einsatz fand aber bereits 2014 statt: Direkt nach der Ankunft aus Brasilien chauffierte er die frisch gekürten Weltmeister vom Frankfurter Flughafen nach Berlin.

FÜR DIE FANS

Laute Musik, Essen und Trinken und Mitmach-Aktionen für die Fans – bei einem Fußballspiel geht es zu wie bei anderen Großveranstaltungen wie Konzerten oder einer Kirmes. Damit das möglich ist, müssen auch dafür viele Menschen arbeiten. Sie stehen an den Grillstationen oder hinter der Theke an den Getränkebars. Es gibt einen Stadionsprecher, der Durchsagen macht, und einen DJ, der vor dem Spiel Musik laufen lässt. Und auf der VIP-Tribüne gibt es sogar Logen, in denen die Zuschauer von Servicekräften bedient werden.

FÜR DIE SICHERHEIT

Immer wenn viele tausend Menschen zusammenkommen, muss besonders auf die Sicherheit geachtet werden. Beim Fußball gilt das ganz besonders, denn hier treffen sich ja Anhänger verschiedener Teams, die vielleicht nicht so gut aufeinander zu sprechen sind. Deshalb wird der Stadionbesuch von vielen Sicherheitsmitarbeitern beaufsichtigt. Sie stehen am Eingang und kontrollieren neben den Tickets der Fans auch deren Taschen. Niemand soll gefährliche Gegenstände wie Waffen oder Feuerwerkskörper mit ins Stadion bringen. Auch auf den Tribünen sind überall Ordner verteilt. Sie achten darauf, dass jeder seinen Platz findet und es zu keinen Streitigkeiten unter den Fans kommt.

Der Höhepunkt vor jedem Spiel: Der Stadionsprecher verkündet die Aufstellung der Mannschaft. Hier siehst du Stephan Lehmann, seit über 25 Jahren Stadionsprecher des FC Bayern München.

FANWISSEN

Ganz nah dran und trotzdem nicht dabei: Bei jedem Profispiel gibt es eine bestimmte Anzahl an Ordnungskräften, die direkt am Spielfeldrand stehen. Sie haben also eigentlich die allerbesten Plätze, so nah kommt den Spielern sonst fast niemand. Und trotzdem haben sie nichts vom Spiel. Diese Ordnungskräfte müssen nämlich mit dem Rücken zum Spielfeld die ganze Zeit auf die Tribünen schauen. Sie beobachten die Fans, um schnell auf gefährliche Aktionen reagieren zu können.

Die vielen Ordner vor und im Stadion sorgen dafür, dass der Spielbesuch für alle Fans sicher ist. Hin und wieder gelingt es sogenannten »Flitzern«, auf das Spielfeld zu laufen. Ordner müssen sie dann schnellstmöglich einfangen und zurückbringen.

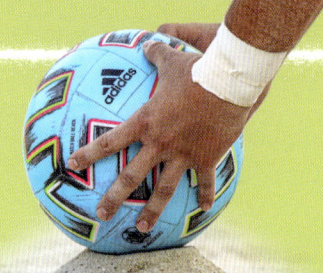

8:6
DAS SPIELFELD

Kleiner als ein regulärer Fußball: der Spielball beim Futsal

VERRÜCKTE VARIANTEN:

FUSSBALL GANZ ANDERS

Obwohl er schon Jahrhunderte alt ist, kann Fußball auch zur modernen Trendsportart werden. Und zwar immer dann, wenn er nicht klassisch elf gegen elf auf einem Rasenplatz gespielt wird. Diese Fußballvarianten gibt es auch:

BEACHSOCCER:

Besonders anstrengend, aber auch besonders spektakulär: Auf tiefem Sand zu laufen und zu springen, erfordert viel körperliche Fitness. Deshalb dauern Beachsoccer-Spiele auch nur dreimal 12 Minuten. Eine Mannschaft besteht aus vier Feldspielern und einem Torwart. Weil man den Ball auf dem Sand nicht besonders gut flach passen kann, gibt es beim Beachsoccer hauptsächlich hoch gespielte Bälle. Und das sorgt natürlich für spektakuläre Flugkopfbälle und Fallrückzieher. Ursprünglich kommt Beachsoccer aus Brasilien, aber auch in Deutschland gibt es eine eigene Liga.

BUBBLE SOCCER:

Albern, aber spaßig: Beim Bubble Soccer stecken die Spieler in riesigen luftgefüllten Kugeln. Nur ihre Beine sind frei. Nun müssen sie den Ball ins Tor der gegnerischen Mannschaft schießen. Die Kugel – die sogenannte Bubble – verhindert aber zum einen, dass sie gut sehen können, und schränkt sie zum anderen in ihren Bewegungen ein. Außerdem stößt man beim Bubble Soccer häufig aneinander. Wer dann umfällt, kommt wegen der Bubble um sich herum nur schwer wieder auf die Beine. Bubble Soccer wird vor allem auf Geburtstagen oder Festen gespielt.

Deutsche Beachsoccer-Liga 2020

FOOT DARTS:

Muss hängen bleiben: Beim Foot Darts spielt man gegeneinander um Punkte. Wie beim Darts müssen Felder auf einer großen Scheibe getroffen werden. Allerdings werfen die Spieler hier keine Pfeile, sondern schießen mit Bällen. Die Bälle haben eine Klett-Oberfläche und bleiben deshalb an der Dartscheibe hängen – wenn sie denn richtig geschossen werden. Beim Foot Darts geht es eher um den Spaß und nicht so sehr um den sportlichen Wettbewerb.

FREESTYLE:

Artistik trifft Fußball: Beim Freestyle-Fußball geht es nicht darum, mit der eigenen Mannschaft in einem Spiel gegen andere zu gewinnen. Freestyle wird von einzelnen Ballkünstlern betrieben. Sie vollführen wahre Kunststücke und versuchen oft, den Ball so lange und so spektakulär wie möglich zu jonglieren und nicht auf dem Boden aufkommen zu lassen. Manche Freestyle-Artisten haben es aber auch zu ihrer Spezialität gemacht, Zuschauer oder Fußballprofis herauszufordern, um sie dann mit dem Ball zu »tunneln«. Die Kunststücke der Ballkünstler kann man auf Festen oder in der Fußgängerzone bewundern. Viele von ihnen veröffentlichen aber auch Videos in den sozialen Netzwerken.

Foot Darts wurde in England erfunden. Mittlerweile kann die etwa 6 Meter hohe, aufblasbare Dartscheibe auch in Deutschland für Veranstaltungen gemietet werden.

FUTSAL:

Trick- und actionreich: Hallenfußball wird auch in Deutschland mittlerweile fast nur noch in der Futsal-Variante gespielt. Diese unterscheidet sich in einigen Punkten vom klassischen Hallenfußball. Ein Futsal-Ball ist kleiner als ein regulärer Fußball und hat eine besondere Oberfläche. Sie sorgt dafür, dass der Ball auf dem harten Hallenboden nicht so stark wegspringt. Er lässt sich also leichter mit dem Fuß kontrollieren, was viele trickreiche Aktionen ermöglichen soll. Generell haben die dribbelstarken Spieler beim Futsal Vorteile. Das Spiel ist oft so schnell, dass die Abwehrspieler nur schlecht in die Zweikämpfe kommen. Aber genau das lieben die Fans am Futsal: dass es vor allem viele Tricks auf dem Parkett zu sehen gibt.

Man nennt ihn den »King of Montmartre«: Dort, über den Dächern von Paris, führt der Freestyle-Profi Iya Traoré regelmäßig seine Balltricks vor.

Seit 2021 gibt es eine Futsal-Bundesliga, an der zehn Mannschaften teilnehmen. Im Bild spielt der Stuttgarter Futsal Club (rot) gegen den TSV Weilimdorf (weiß).

9:

Spiele der Profimannschaften werden von unzähligen Kameras übertragen.

DIE MEDIEN

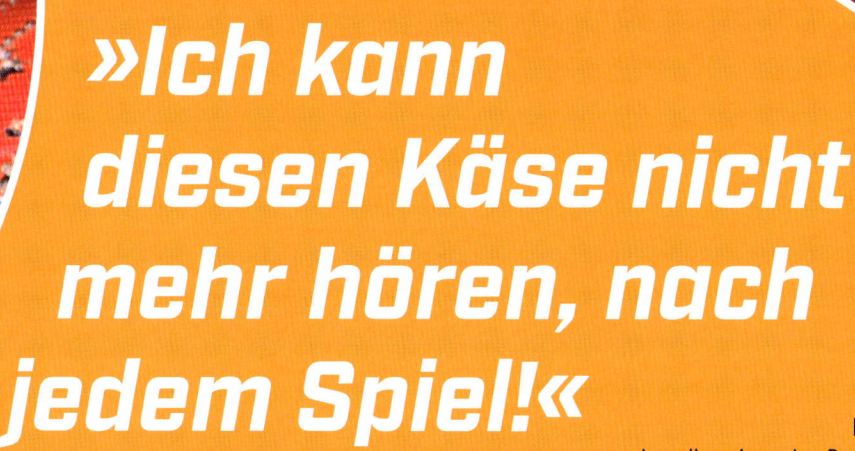

»Ich kann diesen Käse nicht mehr hören, nach jedem Spiel!«

Rudi Völler,
ehemaliger deutscher Bundestrainer

Rudi Völler war außer sich. Gerade hatte er als Teamchef mit der deutschen Nationalmannschaft in einem EM-Qualifikations-spiel gegen Island nur 0:0 gespielt. Nun saß er in einem Fern-sehstudio und musste mit anhören, wie die TV-Reporter kritisch über dieses Ergebnis sprachen. Deshalb platzte ihm der Kragen und er verteidigte seine Mannschaft. Er war der Ansicht, dass das 0:0 in Ordnung gehe. Fußballtrainer und -spieler müssen sich ständig für ihre Leistungen recht-fertigen. Regelmäßig werden sie von Reportern und Journalisten be-fragt. Und dann entstehen auch schon einmal so berühmte Wutreden wie die von Rudi Völler.

Rudi Völler galt immer als meinungsstarker Interviewpartner – ob als Spieler, Teamchef oder später als Manager von Bayer 04 Leverkusen.

Sabine Töpperwien war die erste Frau, die live im Radio ein Fußballspiel kommentierte.

Auf der Pressetribüne wird getickert.

TORE IM TICKER:
DIE BERICHTERSTATTUNG

Im Internet, im Radio, in Zeitungen und Zeitschriften und natürlich im Fernsehen: Fußball findet in allen Medien statt. Über keine andere Sportart wird in Deutschland so ausführlich und häufig berichtet.

Über den Fußball lassen sich viele Geschichten schreiben. Weil bis auf wenige Wochen im Jahr immer irgendeine Art von Turnier oder Liga veranstaltet wird, können die Geschichten auch dauerhaft geschrieben werden. Denn für den Fußball gilt die alte Weisheit des ehemaligen Bundestrainers Sepp Herberger: »Nach dem Spiel ist vor dem Spiel.« Er meinte damit, dass es im Fußball immer weitergeht. Wenn der 12. Spieltag gespielt ist, folgt eben der 13., dann der 14. und so weiter. Das sorgt auch dafür, dass in den Medien immer über Fußball berichtet werden kann. Entweder vor einem Spiel, währenddessen, danach als Rückschau oder als Vorschau auf das nächste Spiel. Die Geschichten rund um den Fußball enden nie.

DIE RADIOKONFERENZ
Fußball ist natürlich am spannendsten, wenn man ihn live verfolgen kann. Jahrzehntelang ging das nur übers Radio, weil Fernsehen und Internet noch nicht erfunden waren. Die erste Liveübertragung wurde 1925 vom Spiel zwischen Preußen Münster und Arminia Bielefeld gesendet. Auch die Konferenz, bei der zwischen verschiedenen Spielen hin und her geschaltet wird, hat ihren Ursprung im Radio. Heute noch hören viele Fans lieber die Übertragung, als die Partie im Fernsehen zu schauen. Schließlich hat es einen ganz eigenen Reiz, sich die Spielzüge selbst vorzustellen, die einem die Radioreporterinnen und -reporter schildern.

> ### LEDER, KUGEL, PILLE
> Reporter nutzen für den Fußball viele verschiedene Bezeichnungen. Manche davon sind ganz schön lustig: Kirsche, Kugel, Leder, Pocke oder Pille. Kennst du noch andere Begriffe?

Früher gab es die Fußball-Liveberichterstattung nur im Radio. Aber selbst heute – in Zeiten von Fernsehen und Internet – wollen viele Fans nicht auf die Radiokonferenzen verzichten. Manche Fußball-Radioreporter erreichen regelrecht Kultstatus, wie Manfred »Manni« Breuckmann.

DAS INTERNET TICKERT

Wie in allen Lebensbereichen hat auch beim Fußball das Internet in den letzten Jahren enorm an Bedeutung gewonnen. Auf vielen Seiten gibt es sogenannte Ticker, in denen kurze Beschreibungen des jeweils laufenden Spiels zu lesen sind. So ist man auch ohne Radio- oder Fernsehempfang ganz nah am Geschehen. Vor allem aber können Fans auf der ganzen Welt auf diese Weise Live-Informationen zu Spielen bekommen, die in anderen Medien vielleicht keine Beachtung finden.

ZEITUNGEN UND MAGAZINE

In deutschen Tageszeitungen sind die Sportteile in der Regel hauptsächlich mit Berichten über Fußball gefüllt. Dazu kommen Zeitschriften wie der kicker, die ein- oder zweimal in der Woche erscheinen, und große Monatsmagazine. In Italien, Spanien und Frankreich gibt es sogar tagesaktuelle Zeitungen, die sich nur um Sport und vor allem um Fußball kümmern. Für viele Fans ist ein Highlight vor einer neuen Fußballsaison immer noch der Moment, wenn die Fußball-Sonderhefte mit den neuen Bildern und Porträts aller Fußballmannschaften der ersten Ligen erscheinen.

Yussuf Poulsen vom RB Leipzig in der »Mixed Zone«. So wird der spezielle Bereich innerhalb eines Stadions genannt, in dem Journalisten den Spielern und Trainern Fragen stellen dürfen. Den Hintergrund bildet meist eine Wand mit den Logos der Vereinssponsoren.

Das kennst du vielleicht: Irgendein Sticker fehlt immer! Da hilft nur suchen und tauschen ...

Unten: In dieser Maschine werden die fertig gedruckten Sammelkarten gemischt.

Kinder kicken

Du hast bestimmt auch schon mal geklebt. Vor jeder Saison, genauso wie vor jeder EM oder WM, erscheinen neue Hefte mit lauter freien Kästchen. Dort hinein gehören Klebebilder der Fußballstars, die in kleinen Tüten am Kiosk gekauft werden können. Und spätestens, wenn du mehrere doppelte Bildchen hast, geht das große Tauschen los.

MILLIARDENGESCHÄFT:
DIE TV-ÜBERTRAGUNGEN

Sponsorenwerbung, Tickets und Trikotverkäufe – Fußballvereine nehmen auf verschiedene Arten Geld ein. Den größten Betrag bekommen sie allerdings dadurch, dass sie Fernsehsendern das Recht verkaufen, die Spiele übertragen zu dürfen.

Wenn ein Fernsehsender ein Fußballspiel live übertragen möchte, darf er nicht einfach ein paar Kameras aufstellen und loslegen. Die Sender müssen den Vereinen dafür Geld zahlen. Denn diese haben das

Kameraleute mit »Steadicam« (auf Deutsch: Stabilitätskamera) liefern ruhige Kamerafahrten vom Spielfeldrand.

Recht zu entscheiden, wer Fotos und Videos machen darf und wer nicht. In Deutschland vergeben die Vereine diese Rechte nicht jeder für sich. Alle Clubs der Bundesliga und 2. Bundesliga entscheiden gemeinsam. Sie sind im Verbund als Deutsche Fußball Liga organisiert und bieten die Übertragungsrechte immer für einige Jahre hintereinander an. Fernsehsender können sich dann darum bewerben und müssen Geld bieten, um den Zuschlag zu bekommen.

EINE 1 MIT 9 NULLEN

Für die Fernsehübertragungsrechte werden mittlerweile unvorstellbare Summen gezahlt. Die Vereine der Bundesliga bekommen gemeinsam über eine Milliarde Euro pro Saison dafür. Dieses Geld wird dann über ein kompliziertes System unter den Clubs aufgeteilt. Vereinfacht lässt sich sagen: Je besser ein Verein spielt und je mehr Zuschauer er hat, desto mehr Geld bekommt er aus dem großen Topf.

FUSSBALL PER ABONNEMENT

Die hohen Summen, die Fernsehsender für die Übertragungsrechte aus-geben, müssen sie an anderer Stelle wieder einnehmen. Deshalb laufen rund um eine Fußballübertragung so viele Werbespots, für die die Unter-nehmen den Sendern viel Geld zahlen. Und deshalb kannst du, wenn du mit deiner Familie ein Spiel live sehen willst, in der Regel nicht einfach den Fernseher anmachen und die Partie genießen. Denn die allermeisten Spiele werden nur im sogenannten »Pay-TV« (auf Deutsch: Bezahlfern-sehen) übertragen. Wenn ihr die Bundesligaspiele sehen wollt, müsst ihr ein Abonnement bei einem Sender abschließen, um die Spiele frei-geschaltet zu bekommen. Wobei ein einziges Abonnement heute nicht mehr ausreicht.

FUSSBALL IM STREAM

Mittlerweile gibt es nicht mehr nur Fernsehsender, die Spiele übertragen. Immer mehr Fußball läuft bei den *Streaming*-Plattformen im Internet. Es kann also sein, dass du zwei oder mehr Abonnements abschließen musst, um jedes Bundesligaspiel deines Vereins live schauen zu können. Denn die verschiedenen Anbieter kaufen in der Regel die Rechte an be-stimmten Anstoßzeiten. Alle Spiele am Freitagabend werden dann z. B. bei dem einen Sender, alle Spiele am Samstagnachmittag eventuell bei einem anderen Anbieter gezeigt. Und je nach-dem, wann dein Team spielt, brauchst du dann das entsprechende Abo.

Bei besonderen Spielen wird häufig eine sogenannte »Spidercam« (auf Deutsch: Spinnenkamera) eingesetzt. Sie fährt an Tragseilen entlang, die wie ein Spinnen-netz über das Spielfeld gespannt sind.

In der Regel werden Fußballspiele mit mindestens sechs Kameras aus verschiedenen Perspektiven übertragen. Bei Topspielen können das aber auch noch mal deutlich mehr werden.

Kinder kicken

Solange du keine 18 Jahre alt bist, kannst du selbst keine Abonnements abschließen, weder für eine Fuß-ballzeitung noch für ein Pay-TV-Angebot. Das müssen also deine Eltern für dich übernehmen.

Direkt nach einem Spiel müssen Spieler und Trainer den Journalisten Rede und Antwort stehen. Für viele ist das eine unangenehme Aufgabe.

KRITIK:
ZU VIEL FUSSBALL?

Fußball zu spielen ist toll, Fußball zu schauen ist toll. Nach wie vor fasziniert der Fußball Millionen von Fans. Und trotzdem: Immer wieder wird auch laute und eindeutige Kritik am Fußball und der medialen Begleitung geübt.

Viele Vertreter anderer Sportarten finden, dass der Fußball zu stark ist und zu viel Raum einnimmt. Immer wieder fordern beispielsweise Präsidenten von Leichtathletik-, Basketball- oder Turnverbänden, dass ihre Sportarten häufiger im Fernsehen gezeigt werden sollen. Sie sind der Meinung, dass ihre Sportarten nicht so viele Fans haben, weil alle immer nur Fußball schauen können. Die Argumentation der Fernsehsender ist genau entgegengesetzt: Sie sagen, dass sie so viel Fußball übertragen, weil sich dafür so viele Menschen interessieren.

STÄNDIG VOR DEM MIKROFON

Fast so häufig, wie sie trainieren, müssen Fußballspieler und -trainer Fragen beantworten. Weil so viele Menschen Interesse an diesem Sport haben und so viele Sendungen gefüllt und Berichte geschrieben werden müssen, gibt es mehrmals in der Woche Pressekonferenzen und Interviews. Die Vereine sind sogar dazu verpflichtet, ihre Spieler und Trainer zu den Reportern zu schicken. Das wird in den Verträgen zur Fernsehübertragung festgehalten. Manche Spieler, wie etwa Thomas Müller, haben Spaß an solchen Interviews. Andere sind eher genervt und wollen sich eigentlich nicht ständig befragen lassen. Dementsprechend langweilig fallen viele Interviews aus.

FANWISSEN

Neben Fußball verfolgen deutsche TV-Zuschauer am liebsten Leichtathletik-Wettbewerbe. Gute Einschaltquoten haben außerdem Wintersport, Boxen und die Formel 1. Damit möglichst viele Menschen die Wettbewerbe bei Olympia schauen, achten die Organisatoren darauf, dass sich die Sportveranstaltung nicht mit einem großen Fußballturnier überschneidet.

Auch bei Interviews meist gut gelaunt: Thomas Müller

PHRASENSCHWEIN

Wenn du dir die Interviews nach einem Spiel anhörst, wirst du merken, dass die Antworten häufig sehr ähnlich sind. Vergleich mal das Interview eines Stürmers nach einer Niederlage am dritten Spieltag mit seinen Antworten nach einer Niederlage am achten Spieltag. Sehr wahrscheinlich werden viele ähnliche Sätze fallen: Eigentlich hatte sich die Mannschaft »viel vorgenommen«. Der Gegner war »wie erwartet stark«. Und jetzt gilt es, sich »auf das nächste Spiel zu konzentrieren«. Viele Reporter stellen immer dieselben Fragen. Und die Spieler werden in speziellen Trainings darauf vorbereitet, wie sie antworten können, ohne etwas Dummes zu sagen. Das führt dann aber eben auch dazu, dass sich viele Interviews eigentlich gleich anhören, obwohl sie mit Spielern von verschiedenen Vereinen nach verschiedenen Spielen geführt wurden.

Eine regelmäßige Fußball-Talkshow hat aus dieser Tatsache einen Witz gemacht. Immer wenn dort ein Gast eine Standardantwort gibt, muss er einen Geldbetrag ins »Phrasenschwein« zahlen. Dieses Geld wird am Ende der Saison gespendet.

Ob in regelmäßigen Fußball-Talkshows im Fernsehstudio oder live vor Ort bei internationalen Turnieren: Ehemalige Fußballstars kommentieren als Experten gemeinsam mit den Moderatorenteams der Fernsehsender die Fußballspiele. Diesen Job übernahmen u. a. schon Oliver Kahn, Lothar Matthäus, Philipp Lahm und Thomas Hitzlsperger sowie Bastian Schweinsteiger.

Auf Pressekonferenzen können Journalisten den Spielern und Trainern Fragen stellen. Üblicherweise finden sie einen Tag vor einem Spiel und direkt danach statt.

DIE ZUKUNFT?

E-SPORT-FUSSBALL

Die Bundesliga gibt es nicht nur an der frischen Luft und auf grünem Rasen. Seit 2012 wird auch online um den Meistertitel gespielt. In der »Virtual Bundesliga« treten Gaming-Spezialisten der echten Fußballvereine gegeneinander an.

DAS SPIEL

In der »Virtual Bundesliga« (kurz VBL) wird das wohl bekannteste Fußball-Game online gespielt: »FIFA« von der Entwicklungsfirma EA Sports. Es wird jedes Jahr neu aufgelegt und simuliert den Saisonverlauf einer Mannschaft. Du kannst Spieler ein- oder verkaufen, aber auch auf dem virtuellen Platz selber spielen und steuern. Mit zunehmender Beliebtheit dieses Spiels führten immer mehr Fußballvereine eine eigene E-Sport-Abteilung ein und nahmen besonders erfolgreiche E-Sportler unter Vertrag.

DIE MANNSCHAFTEN

An der VBL können alle 36 Vereine der Bundesliga und der 2. Bundesliga teilnehmen. Nicht alle Clubs haben eine eigene E-Sport-Abteilung. In den vergangenen Jahren sind es aber immer mehr geworden. Der Rekord liegt bisher bei 26 Teams, darunter Borussia Mönchengladbach, Schalke 04, der Hamburger SV, Werder Bremen und Eintracht Frankfurt. Der FC Bayern München und Borussia Dortmund stellten bisher noch keine E-Sport-Mannschaften.

DIE SPIELER

Gespielt wird nicht wie auf dem Fußballfeld mit elf gegen elf Spielern, sondern es treten Einzelspieler bzw. Zweier-Teams an der Konsole gegeneinander an. Die Spieler spielen mit den virtuellen Teams ihres Vereins. Eigentlich sind die virtuellen Teams innerhalb von »FIFA« unterschiedlich stark. Wenn man z. B. als Borussia Mönchengladbach spielt, kann man stärkere Figuren bewegen als mit dem SV Sandhausen. Damit die Spiele der »Virtual Bundesliga« aber fair verlaufen, wird der 90er-Modus gespielt. Damit erhalten alle virtuellen Teams dieselbe Spielstärke und es kommt tatsächlich nur auf das Können der Gamer an.

In der »Virtual Bundesliga Club Championship« gelang dem Team um Michael »MegaBit« Bittner auf Anhieb der Gewinn der deutschen Club-Meisterschaft in FIFA19.

DER MODUS

Alle Mannschaften treten gegeneinander an. Dabei besteht eine Partie aus drei Einzelspielen. In zwei Begegnungen sitzen Vertreter jedes Vereins an den Controllern, dazu kommt ein Doppel, bei dem jeweils zwei Spieler eines Vereins antreten. Die Punkte jedes Einzelspiels werden wie in der realen Bundesliga vergeben: drei für einen Sieg und jeweils ein Punkt bei einem Unentschieden.

DIE KONSOLE

Die Spiele werden an unterschiedlichen Konsolen ausgetragen: entweder an der PlayStation oder an der Xbox. Jeweils ein Einzelspiel des Spieltags findet an der einen, das andere an der anderen Konsole statt. Auf welchem System das Doppel gespielt wird, darf der Heimverein entscheiden.

DIE MEISTERSCHAFT

Am Ende einer Saison der »Virtual Bundesliga« wird das beste Team zum Meister gekürt. Die besten Einzelspieler treten dann noch einmal in einer Endrunde, dem *Grand Final*, gegeneinander an, um auch den besten Spieler zu ermitteln.

DIE ÜBERTRAGUNG

Von den Topspielen jedes Spieltags gibt es einen Livestream im Internet. Auf der Videoplattform Twitch werden die Spiele übertragen und professionell kommentiert.

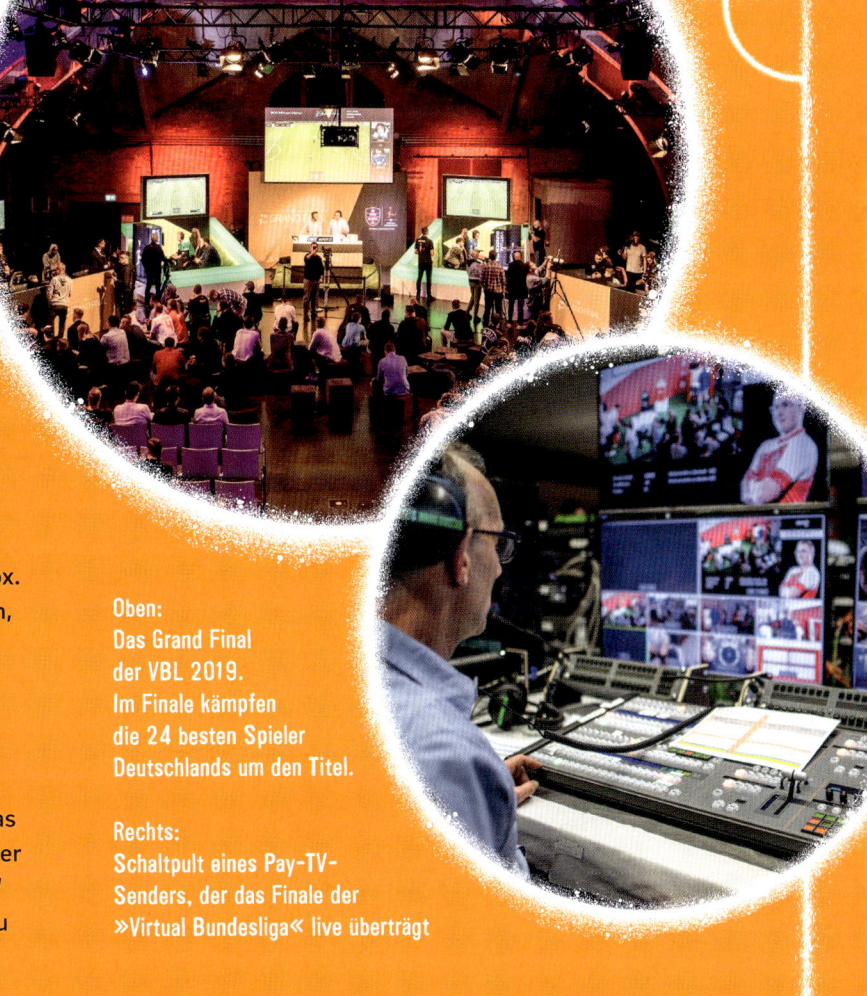

Oben:
Das Grand Final der VBL 2019. Im Finale kämpfen die 24 besten Spieler Deutschlands um den Titel.

Rechts:
Schaltpult eines Pay-TV-Senders, der das Finale der »Virtual Bundesliga« live überträgt

Deutscher Meister 2021: Umut Gültekin von RB Leipzig

Fans demonstrieren bei einem Bundesligaspiel ihre Solidarität mit den Menschen in der Ukraine während des Kriegs 2022.

10:
DAS FAIR PLAY

»Ich mache keine Politik, ich mache Fußball.«

Michel Platini, ehemaliger UEFA-Präsident

So wie Michel Platini sehen es fast alle Verantwortlichen in den Vereinen und -verbänden: Sie behaupten, dass Fußballspiele, Stadionbesuche oder z. B. Weltmeisterschaften reine Sportfeste sind, bei denen es ausschließlich um das Fußballspiel geht. Viele Fans und Kritiker sehen das anders. Für sie gibt es im Fußball-Kosmos all das, was es in allen anderen Bereichen des Lebens auch gibt: politische Entscheidungen, kriminelle Handlungen und negatives Verhalten. Weil auf dem Fußball viel öffentliche Aufmerksamkeit liegt und es um so viel Geld geht, gibt es vielleicht sogar besonders viele Menschen, denen es nicht nur um den Spaß am Fußball geht.

Auf einer Konferenz in Buenos Aires 2018 trafen sich die Chefinnen und Chefs der wichtigsten Industrieländer. Mittendrin: FIFA-Präsident Gianni Infantino

Bei manchen Spielbegegnungen kommt es zu Ausschreitungen, weil einige Fans gewaltbereit und aggressiv sind.

UNSCHÖNE SZENEN:

GEWALT IM STADION

Große Fahnen, bunte Schals oder eine La-Ola-Welle, die über die Tribüne schwappt: Das sind Bilder, für die wir den Stadionbesuch bei einem Fußballspiel lieben. Doch leider gibt es dort auch immer wieder unschöne Dinge zu sehen.

Profispiele im Stadion sorgen in der Regel für sehr viel Aufmerksamkeit: Zehntausende Menschen sehen in den Arenen zu und noch mal Millionen vor den Fernsehgeräten. Diese Aufmerksamkeit nutzen manche Gruppen, die Gewalt verbreiten wollen. Sie haben Spaß daran, den normalen Ablauf der Spiele zu stören. Dann fliegt Pyrotechnik auf das Spielfeld, knallen Böller durch das Stadion oder werden andere Besucher angegriffen. Diejenigen, die solche Dinge im Fußballstadion tun, kann man aber nicht als Fans bezeichnen. Denn für das Fußballspiel an sich interessieren sie sich nur wenig. Für sie ist es einfach eine gute Gelegenheit,

möglichst viele Leute zu provozieren und zu stören. Aber nicht jeder Zuschauer, der eine bengalische Fackel anzündet, ist ein Gewalttäter. Verboten ist es dennoch, denn Bengalos können bis zu 2.000 Grad Celsius heiß werden. Manchmal werden sie von den sogenannten Ultras (s. S. 17) angezündet, die damit in der Regel nur ihre Mannschaft unterstützen und nicht andere Fans angreifen.

HOOLIGANS MACHEN KRAWALL

Hooligans nennt man Personen, die vor allem im Rahmen bestimmter Großereignisse, wie beispielsweise bei Fußballspielen, durch aggressives Verhalten und Gewalt auffallen. Meist sind es junge Männer, die sich in Gruppen bei Fußballspielen oder anderen Events Schlägereien mit anderen Hooligans oder auch mit Sicherheitskräften wie der Polizei liefern. So werden absichtlich Sitze auf den Tribünen und manchmal sogar Flutlichtmasten zerstört. Auch andere Stadionbesucher werden häufig in Schlägereien verwickelt oder bewusst angegriffen. Die Hooligans haben schlichtweg Spaß daran, Angst und Schrecken zu verbreiten und so die Freude am Besuch eines Fußballspiels zu nehmen.

Nicht nur für Krawall – auch für positive Botschaften nutzen manche Fans die Aufmerksamkeit bei Bundesligaspielen.

KEINE ANGST IM STADION

Auch wenn es in den Stadien der Bundesliga immer mal wieder bengalische Fackeln und manchmal auch Schlägereien gibt, brauchst du keine Angst zu haben, wenn du mit deinen Eltern zu einem Fußballspiel gehst. Die deutschen Stadien sind sehr gut von der Polizei abgesichert und die Kontrollen an den Eingängen sehr streng. Hooligans kommen deshalb so gut wie gar nicht mehr hinein. Außerdem gibt es in fast allen Stadien Familienblöcke. Karten für diese Plätze werden vor allem an Eltern mit ihren Kindern verkauft. Dort ist die Stimmung in der Regel sehr friedlich, hier kannst du einfach das Spiel genießen.

REGENBOGEN GEGEN AUSGRENZUNG

Auf den Tribünen der Bundesligastadien kannst du in den letzten Jahren immer häufiger die Regenbogen-Fahne sehen. Damit wird kein besonders farbenfroher Verein angefeuert. Die Fans, die sie schwenken,

Besonderer Schutz: Vor den Stadien der Bundesliga sorgen Reiterstaffeln der Polizei für Ordnung.

wollen ihren Respekt und ihre Unterstützung mit denjenigen ausdrücken, die beispielsweise schwul, lesbisch oder trans leben. Diese Entwicklung ist relativ neu. Noch vor einigen Jahren benutzten viele Fans den Begriff »schwul« als Schimpfwort gegenüber gegnerischen Spielern und Fans. Das passiert heute zum Glück immer seltener. Dafür sind die Regenbogenfarben – mit denen Vielfalt und Toleranz ausgedrückt werden soll – regelmäßig zu sehen.

FREMD IM EIGENEN STADION

Moderne Fußballmannschaften bestehen heutzutage aus Spielern aus den unterschiedlichsten Ländern dieser Erde. Beispielsweise gewann der FC Bayern München die Meisterschaft 2021 mit einem Team, in dem weniger als die Hälfte der Spieler in Deutschland geboren ist. Die Tore schoss der polnische Stürmer, im Mittelfeld wurde der Ball zwischen einem spanischen und einem französischen Nationalspieler hin und her gepasst und in der Abwehr sicherte ein kanadischer Verteidiger das eigene Tor ab. Obwohl sich alle Fans über eine große Vielfalt auf dem Platz freuen sollten, kommt es auf den Tribünen immer wieder zu fremdenfeindlichen und rassistischen Vorfällen vor allem gegenüber Spielern mit dunkler Hautfarbe. Bei solchen Vergehen gibt es eine klare Strafe: Bekommt der Schiedsrichter rassistische Beleidigungen mit, kann er im schlimmsten Fall das Spiel abbrechen. Denn unter solchen Anfeindungen sollte keine Mannschaft Fußball spielen müssen.

Maximilian Arnold vom VfL Wolfsburg. Der Verein setzt mit einer Regenbogen-Kapitänsbinde schon seit einigen Jahren ein Zeichen für Toleranz und Vielfalt.

FANWISSEN

Mit einer Binde am Arm wird der Kapitän einer Mannschaft gekennzeichnet. In der Regel besteht sie aus den jeweiligen Clubfarben. Immer häufiger aber tragen Spieler eine Binde in Regenbogenfarben. So wollen auch sie ihren Respekt und ihre Toleranz ausdrücken.

Das FIFA-Exekutivkomitee vergab 2010 die WM 2018 nach Russland und die WM 2022 nach Katar.

SCHMUTZIGES GELD:

KORRUPTION IM FUSSBALL

Im Profifußball gibt es große Konflikte zwischen zwei verschiedenen Gruppen: Die einen – die Fans – betrachten den Fußball als ihr Hobby, während andere – die Clubs und Verbände – ihn als Möglichkeit sehen, Geld zu verdienen.

15 Milliarden Euro pro Jahr! Diese riesige Summe nehmen allein die fünf Topligen Europas aus England, Deutschland, Spanien, Italien und Frankreich in jeder Saison ein. Und auch bei Europa- und Weltmeisterschaften gibt es extrem viel Geld zu verdienen. Es stammt vor allem von den Sponsoren, die ihre Werbung auf den Banden im Stadion oder in Fernsehspots bei den Übertragungen platzieren. Außerdem zahlen große Unternehmen hohe Summen dafür, dass nur ihre Produkte, etwa Getränke oder Fanartikel, rund um die Stadien verkauft werden dürfen. Und sehr viel Geld stammt von den Fernsehanstalten, die die entsprechenden Spiele übertragen wollen und dafür eine Gebühr zahlen müssen.

KORRUPTION

Wenn so viel Geld im Spiel ist, wollen manche auch ein Stück von diesem Kuchen abhaben, selbst wenn es ihnen nicht zusteht. Deswegen gibt es bei den großen und wichtigen Entscheidungen im Fußball genauso wie in der Politik oder in der Wirtschaft ganz genaue Regeln, an die sich alle halten müssen. Wo die nächste Weltmeisterschaft stattfinden soll, wählt das sogenannte Exekutivkomitee der FIFA

in einer Abstimmung. Das Komitee (auch FIFA-Rat genannt) wird von Vertretern der einzelnen Fußballverbände besetzt. Dabei kann jeder Vertreter frei entscheiden, welchem Bewerber er seine Stimme gibt. Für diese Bewerber ist die Entscheidung natürlich extrem wichtig. Schließlich ist es nicht nur toll, eine WM auszurichten, man kann dadurch auch sehr viel Geld verdienen. Und so versuchen manche Bewerber, sich auf jeden Fall die Stimmen der anderen Verbände zu sichern. Sie versprechen ihnen dafür Geld oder großzügige Geschenke. Dieses Vorgehen ist illegal. Eine Wahl muss frei sein, die Mitgliedsverbände sollen sich nur entscheiden, welchen Bewerber sie am besten finden. Diese Entscheidung »zu kaufen«, nennt man Korruption und die ist verboten. Denn so könnte sich selten das Land mit der besten Bewerbung durchsetzen. Gewinnen würde immer das Land, das am meisten Geld zahlen könnte.

HAT SICH KATAR DIE WM GEKAUFT?

Und trotzdem findet Korruption immer wieder statt. Über die Vergaben der Weltmeisterschaften 2018 in Russland und 2022 in Katar gibt es viele Berichte, die belegen sollen, dass Stimmen gekauft wurden.

Eigentlich müsste die FIFA, aber auch Gerichte weltweit diesen Vorwürfen nachgehen. Wenn sich die Zahlungen wirklich beweisen ließen, würden die entsprechenden Personen verhaftet und verurteilt werden. Auch über die Austragung der Turniere müsste neu abgestimmt werden. Leider sind diese Vorgänge aber sehr schlecht nachzuweisen. In der Vergangenheit hat auch die FIFA selbst wenig Interesse daran gezeigt, bei der Aufklärung solcher Vorwürfe zu helfen. Viele Kritiker vermuten, dass es daran liegt, dass der Fußballverband selbst immer wieder solche unerlaubten Zahlungen erhält.

SCHATTEN ÜBER DEM SOMMERMÄRCHEN

Die letzte Fußballweltmeisterschaft in Deutschland fand 2006 statt. Über diese Tatsache und den Verlauf des Turniers waren viele Menschen weltweit begeistert. Die gute Stimmung unter den Fans im ganzen Land führte dazu, dass die WM 2006 den inoffiziellen Titel »Sommermärchen« bekam. Doch auch über dieses Märchen legt sich mittlerweile der Schatten der Korruption. Denn bei Nachforschungen von Journalisten kam heraus, dass es sehr wahrscheinlich ist, dass auch rund um die Vergabe der WM nach Deutschland Geld gezahlt wurde. Vor allem eine Überweisung von fast sieben Millionen Euro, die der DFB vor dem Turnier getätigt hat, ist sehr auffällig. Es gibt die Vermutung, dass mit diesem Geld die Stimmen von arabischen Verbänden gekauft wurden. Ähnlich wie bei anderen Vorwürfen gibt es aber auch hier keine konkreten Aussagen der Beteiligten. Warum genau dieses Geld überwiesen wurde, will bis heute niemand beim DFB beantworten.

ANTI-KORRUPTIONS-ABTEILUNG

Die FIFA hat sie, der DFB auch: Mitarbeiter, die sich speziell um die Einhaltung aller Regeln kümmern sollen. Ihre Aufgabe ist es eigentlich zu verhindern, dass es zu Korruption und sonstigen verbotenen Abläufen kommt. Aber auch daran gibt es Kritik. Denn in vielen Fällen wirkt es so, als ob diese Anti-Korruptions-Abteilungen nur zum Schein arbeiten würden und nicht wirklich etwas aufdecken sollen. Und so wird es wohl auch in Zukunft hauptsächlich an freien Journalisten und unabhängigen Gerichten liegen, wie viele der korrupten Vorgänge im weltweiten Fußball aufgedeckt werden.

Korrupt oder nicht? Der langjährige FIFA-Präsident Sepp Blatter wurde nach Korruptionsvorwürfen 2016 von Gianni Infantino abgelöst. Aber auch beim neuen Präsidenten gibt es viele Gerüchte um verbotene Vorgänge.

Das deutsche Sommermärchen: Tausende Fans feierten bei der WM 2006 im eigenen Land. Es gibt den Verdacht, dass das Turnier nur wegen verbotener Geldzahlungen an Deutschland vergeben wurde.

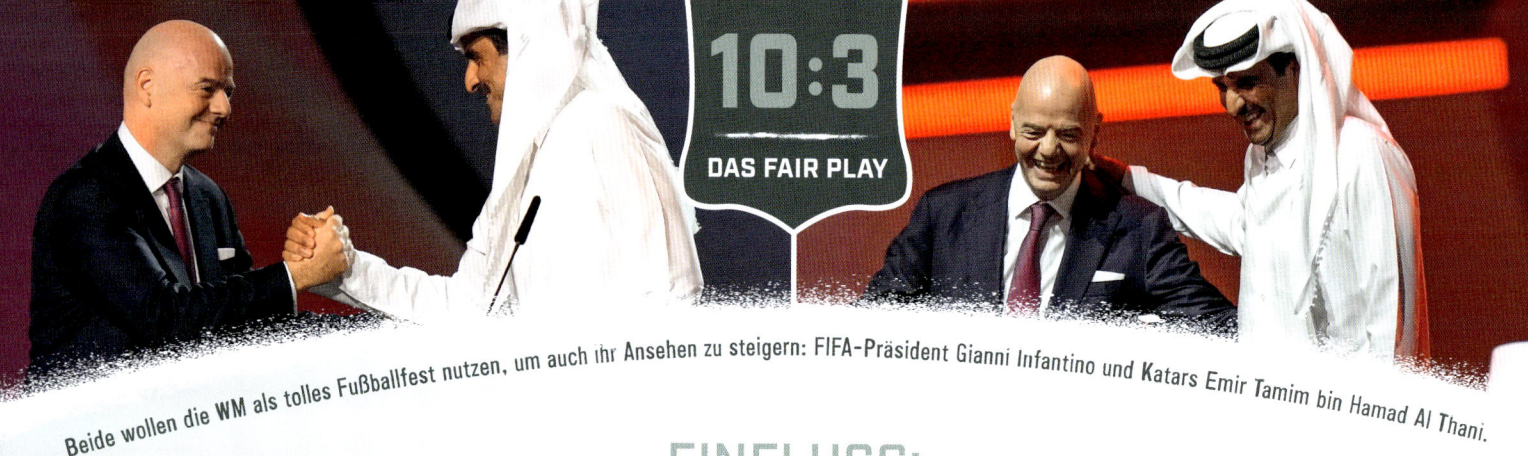

Beide wollen die WM als tolles Fußballfest nutzen, um auch ihr Ansehen zu steigern: FIFA-Präsident Gianni Infantino und Katars Emir Tamim bin Hamad Al Thani.

EINFLUSS:

FUSSBALL UND POLITIK

Bei jeder Fußball-WM liegt die Aufmerksamkeit aller Fans auf dem Land, das das Turnier ausrichtet. Und da die Menschen nicht in allen Ländern der Welt so frei und gut leben können wie bei uns, ist das oft Anlass für Kritik an den Politikern.

Die Aufmerksamkeit, die große Sportereignisse mit sich bringen, haben auch immer Auswirkungen auf die Politik. Regierende und Machthaber, die von vielen Menschen aus dem Rest der Welt kritisch gesehen werden, nutzen die Gelegenheit, um sich als tolle Sportsmänner zu präsentieren. Für den russischen Präsidenten Wladimir Putin war die WM 2018 in Russland z. B. eine gute Gelegenheit, dass positiv über ihn berichtet wurde. Er zeigte sich in den Stadien der Spiele, traf wichtige und prominente Vertreter der FIFA und konnte dem eigenen Volk erzählen, dass er allein die WM nach Russland geholt habe. Auch die königliche Herrscherfamilie von Katar wird von vielen Menschen innerhalb und vor allem außerhalb des arabischen Küstenstaats kritisch gesehen. Mit der WM 2022 versucht sie u. a., ihr Image aufzubessern. Aber auch der Fußballverband profitiert häufig von Ausrichterländern wie Russland oder Katar. Denn dort gibt es keine funktionierenden Demokratien, die Menschen nehmen also kaum bis gar nicht an politischen Prozessen teil. Deshalb können die Mächtigen wichtige Entscheidungen – etwa, viele Millionen für den Bau von Stadien auszugeben – allein treffen.

In vielen anderen Ländern, beispielsweise in Europa, gibt es viel mehr Vorschriften und Kontrollen, wenn es um den Bau großer Stadien geht. Das macht es aber auch für die Fußballverbände schwieriger, ihre Ideen durchzusetzen.

AUSSCHLUSS AUS DEM STADION

Manchmal zeigt sich auch der Fußball eindeutig politisch und reagiert darauf, was in der Welt passiert. Ein solches Beispiel ist die Europameisterschaft 1992. Wenige Tage vor dem Start beschloss der europäische Fußballverband UEFA, die Nationalmannschaft des ehemaligen Jugoslawiens auszuschließen. In diesem Land tobte zu dieser Zeit ein Bürgerkrieg und die UEFA wollte ein Zeichen setzen. Dadurch rückte das dänische Team nach, ritt auf einer Erfolgswelle und wurde sogar Europameister. Auch auf den Krieg Russlands gegen die Ukraine 2022 reagierten UEFA und FIFA. Sämtliche russischen Mannschaften wurden aus den Wettbewerben ausgeschlossen. Das Champions-League-Finale, das eigentlich im russischen Sankt Petersburg hätte stattfinden sollen, wurde nach Paris verlegt.

VÖLKERVERSTÄNDIGUNG IM STADION

Große Turniere wie eine EM oder WM bringen Menschen aus der ganzen Welt zusammen. Fans aus unterschiedlichen Teilen der Erde pilgern in die Stadien, um dort ihr Team anzufeuern. Und das bedeutet gleichzeitig, dass sie auf andere Menschen treffen, zu denen sie sonst wohl nie Kontakt gehabt hätten. Ein großes Fußballturnier kann also auch zu einer positiven Völkerverständigung beitragen. Bei der EM 2021 wurden die Spiele in 12 Stadien in unterschiedlichen Ländern ausgetragen. Das war eine Premiere und ein starkes Zeichen für die Verbundenheit der teilnehmenden Länder.

EINFLUSS ÜBERS STADION HINAUS

Die deutschen Fußballstadien sind im Vergleich zu anderen europäischen Ländern relativ modern und groß. Das hat auch mit der Weltmeisterschaft 2006 zu tun. Denn will ein Land ein Turnier ausrichten, muss es für fortschrittliche Arenen sorgen. Außerdem müssen Straßen, Bahnhöfe, Flughäfen und Hotels für die vielen tausend ausländischen Fans gebaut oder modernisiert werden. Für die WM 2006 in Deutschland wurde all dies getan. Davon profitieren z. B. die Vereine Hannover 96 und RB Leipzig noch heute. Ihre Stadien wurden damals im Vorfeld der WM umgebaut bzw. neu errichtet. Es gibt aber auch Länder, in denen diese Großbauten sehr umstritten sind. Wer nach der WM 2022 die neu gebaute U-Bahn und die acht riesigen Stadien in Katar nutzen soll, ist mehr als fraglich. Auch in Brasilien wurden

Der Iran und die USA: Politisch bezeichnen sich die beiden Länder als Feinde. Im Fußballstadion haben die Menschen Gelegenheit, sich kennenzulernen und miteinander zu feiern.

anlässlich der WM 2014 teure Stadien gebaut. Doch inzwischen spricht man von Millionengräbern, denn die Stadien stehen heute leer, weil die Mieten zu teuer für die ortsansässigen Vereine sind. Es gibt aber auch Positivbeispiele: Zur EM 2012 wurden in der Ukraine und in Polen Straßen und Bahnstrecken großflächig ausgebaut.

MENSCHENRECHTE IM STADION

Die große öffentliche Aufmerksamkeit des Fußballs kann aber nicht nur umstrittenen Politikern als Bühne dienen. Manchmal können so auch politische Prozesse in Gang kommen. In Saudi-Arabien beispielsweise dürfen seit 2018 auch Frauen Fußballspiele im Stadion sehen. Dafür wird – wie auch in saudischen Cafés üblich – ein abgetrennter Bereich ausgewiesen. Was bei uns selbstverständlich ist, ist dort ein kleiner, aber wichtiger Schritt für die Rechte der Frauen. Denn vieles ist ihnen in diesem streng religiösen Land verboten. Der Besuch eines Fußballspiels nun aber nicht mehr.

In manchen arabischen Ländern noch immer eine Seltenheit: Frauen besuchen ein Fußballspiel im Stadion.

11:

Für ein richtig gutes Ballgefühl brauchst du vor allem eins: sehr viel Übung.

DAS TRAINIING

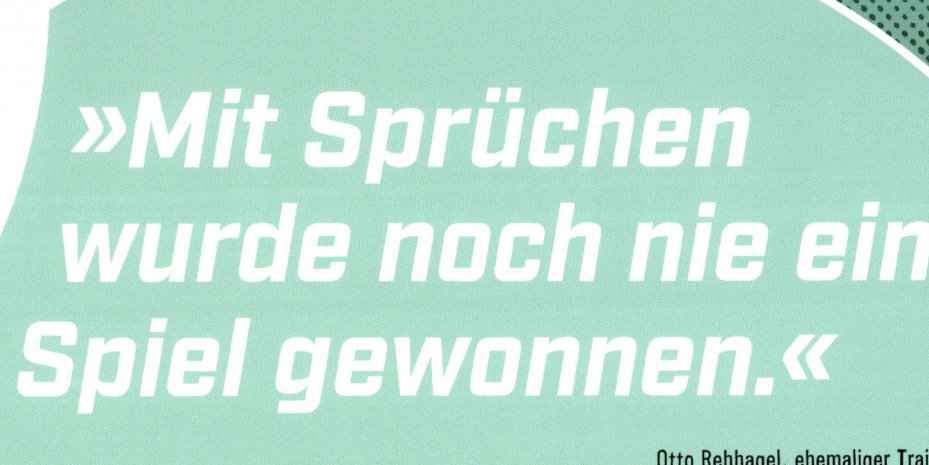

»Mit Sprüchen wurde noch nie ein Spiel gewonnen.«

Otto Rehhagel, ehemaliger Trainer

Der Satz von Otto Rehhagel ist die Aufforderung an seine Spieler, fleißig und viel zu trainieren. Sie sollten keine großen Sprüche klopfen, nicht zu viele Interviews geben oder sich untereinander zu viel über den Gegner unterhalten. Stattdessen forderte Rehhagel seine Spieler dazu auf, sich voll auf das Training zu konzentrieren. Nur so würde seine Mannschaft zum Erfolg kommen. Wenn du auch mehr Fußball spielen als darüber reden willst, findest du auf den nächsten Seiten einige Ideen, wie du mit und ohne Ball trainieren kannst. Du benötigst dafür nicht viele Hilfsmittel. Manche Übungen kannst du allein trainieren, für andere brauchst du Mitspieler.

Otto Rehhagels Training führte dazu, dass der 1. FC Kaiserslautern 1998 Deutscher Meister wurde – als Aufsteiger aus der 2. Bundesliga.

NUR DU UND DER BALL:
ÜBUNGEN ALLEIN

Cristiano Ronaldo ist bekannt dafür, Extraschichten im Training einzulegen. Wenn seine Mitspieler schon lange unter der Dusche stehen, trainiert er allein Freistöße. Sein Credo: Je öfter man eine Sache übt, desto besser wird man darin.

Wenn du richtig erfolgreich Fußball spielen willst, brauchst du vor allem eines: Ballgefühl. Das lässt sich nicht nur auf dem Fußballplatz, sondern in vielen Situationen im Alltag trainieren. Nimm z. B. zum Spaziergang einen Fußball mit und dribble ihn die ganze Zeit mit dem Fuß. Oder versuch, durch den Garten zu dribbeln, ohne auf den Ball zu gucken. Wenn du es schaffst, ihn ohne hinzusehen zu kontrollieren, kannst du das später auch im Spiel machen. Dann brauchst du den Kopf nicht in Richtung Ball zu senken, sondern kannst schauen, was deine Gegenspieler machen.

TORE MIT LINKS

So wie es Rechts- und Linkshänder gibt, gibt es auch Rechts- und Linksfüßer. In den meisten Fällen ist ein Rechtshänder auch ein Rechtsfüßer – und umgekehrt. Es gibt aber Ausnahmen. Linksfüßer sind auf jeden Fall sehr viel seltener – nur etwa 10 bis 15 Prozent aller Fußballspieler haben einen starken linken Fuß. Dazu gehören z. B. David Alaba, Antoine Griezmann und Lionel Messi. Cristiano Ronaldo erzielt ebenfalls häufig Tore mit links. Er musste dafür aber sehr viel trainieren, denn sein starker Fuß ist der rechte.

JONGLIEREN

Einfach zu verstehen und sehr effizient: Versuch, den Ball so lange es geht in der Luft zu halten.

1 Dazu nutzt du deine Füße, die Knie, die Brust, den Kopf und vielleicht sogar die Schultern – also alle Körperteile, mit denen du auch im Spiel den Ball berühren darfst.

2 Zieh den Ball mit der Sohle zu dir und lupf ihn dann mit der Fußspitze in die Luft. Jetzt kannst du ihn jonglieren.

3 Wenn es dir zu Beginn noch schwerfällt, lass den Ball nach jeder Berührung einmal auf den Boden tippen. So hast du mehr Zeit, um dich auf die nächste Berührung mit Fuß oder Knie vorzubereiten.

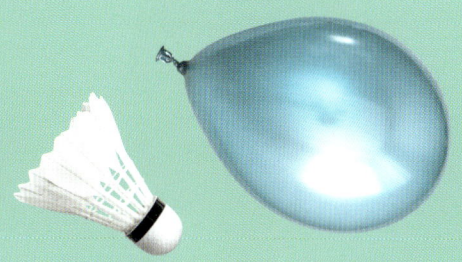

TENNISBALL AM FUSS

Trainier dein Ballgefühl auch mit anderen Bällen als nur mit einem Fußball.

1 Dribble mit einem Tennisball oder einem Ball aus Schaumstoff.

2 Versuch, einen Luftballon mit den Füßen zu jonglieren oder vielleicht sogar einen Badminton-Ball.

> Das sind alles sehr schwierige Übungen, aber wenn du es schaffst, dich auf verschiedene Ballarten einzulassen, kannst du auch mit einem Fußball noch viel gefühlvoller umgehen.

Fuß, Knie, Hacke, Schulter oder Kopf: Beim Jonglieren nutzt du alle Körperteile, die beim Fußball erlaubt sind. So trainiert auch Cristiano Ronaldo. Und obwohl Ronaldo Rechtshänder und -füßer ist, hat er schon etliche Tore mit dem linken Fuß erzielt – allein durch intensives Training. Er gilt als einer der besten beidfüßigen Spieler der Welt.

BEIDFÜSSIG

Sicher hast du wie die meisten Fußballer einen schwachen und einen starken Fuß.

> Mit einem deiner beiden Füße fällt es dir leichter, den Ball kontrolliert zu spielen. Toll ist es natürlich, wenn du mit beiden Füßen möglichst gleich gut bist. Dann hast du im Spiel viel mehr Möglichkeiten, am Gegner vorbeizukommen oder ein Tor zu schießen. Trainier also beide Füße.

1 Such dir eine Wand und schieß den Ball mit der Innenseite deines starken Fußes flach dagegen – wie bei einem Pass. Wenn der Ball zurückspringt, schießt du ihn mit dem anderen Fuß gegen die Wand und immer so weiter.

2 Lauf währenddessen auf der Stelle, so wird die Übung noch dynamischer.

Beim Passspiel geht es um Genauigkeit.

Zweikämpfe trainierst du beim »Eins-gegen-eins«.

MIT PARTNER:
ÜBUNGEN ZU ZWEIT

Zu zweit gibt es noch viel mehr Möglichkeiten, den Umgang mit dem Ball zu üben. Ihr könnt eure Technik verbessern und Zweikämpfe trainieren. Dafür braucht ihr nur wenig Platz – also kein großes Fußballfeld.

Entscheidet euch zunächst, was ihr vor allem trainieren wollt. Geht es hauptsächlich um das Zusammenspiel, solltet ihr euch für Passübungen entscheiden. Wollt ihr Zweikämpfe – und damit Dribbeln und Verteidigen – trainieren, geht es mehr um Eins-gegeneins-Spielformen. Auch für diese Übungen braucht ihr keinen großen Fußballplatz. Sucht euch einfach einen passenden Fleck, an dem ihr ungestört seid.

BALLKONTROLLE

Je nachdem, mit welchem Teil des Fußes der Ball gespielt wird, fliegt er unterschiedlich. Eine Flanke schießt du anders als einen langen Pass, eine kurze Rückgabe zum eigenen Torwart anders als einen Schuss auf das gegnerische Tor.

ZUSAMMENSPIEL TRAINIEREN

Du solltest es deinem Mitspieler so einfach wie möglich machen, an den Ball zu kommen. Schließlich spielt ihr im selben Team und müsst aufpassen, dass der Gegner nicht an den Ball gelangt. Also sollte dein Zuspiel erstens sehr genau und zweitens in der richtigen Schärfe gespielt sein: stark genug, damit der Ball auch ankommt, und nicht zu fest, damit dein Mitspieler ihn auch annehmen kann.

A **INNENSPANN**
Gut geeignet für weite Pässe, Flanken und genaue Torschüsse. Bei einem Strafstoß z. B. nutzen die meisten Schützen den Innenspann.

B **INNENSEITE**
Eignet sich am besten, um präzise Pässe zum Mitspieler zu spielen. Mit dieser breiten Seite des Fußes kannst du zwar nicht besonders hart schießen, dafür aber den Ball am besten kontrollieren.

C **VOLLSPANN**
Benötigst du vor allem für Torschüsse. Du hast zwar etwas weniger Ballkontrolle als mit der Fuß-Innenseite. Dafür werden diese Schüsse aber härter.

D **AUSSENSPANN**
Damit ist der Ball am schwierigsten zu kontrollieren. Deshalb solltest du ihn nur selten einsetzen. Wenn du gut trainiert bist, kannst du so besser passen, flanken und schießen.

PASSSPIEL

Um das Passspiel zu trainieren, stellt ihr euch einige Meter voneinander entfernt auf.

1 Spielt euch den Ball flach über den Boden zu und nutzt dafür zunächst die Innenseite des Fußes. So lässt sich der Ball am besten kontrollieren.

2 Der Spieler, der den Ball zugespielt bekommt, stoppt ihn zunächst mit der Innenseite seines Fußes. Dann schießt er den Ball zurück.

3 Wenn das gut funktioniert, könnt ihr die Schwierigkeit erhöhen: Der Ball wird nicht mehr gestoppt, sondern sofort zurückgeschossen. Ihr könnt auch den Abstand vergrößern und durch Hindernisse passen. Versucht auch, den Ball mit der Außenseite des Fußes oder mit dem schwachen Fuß zu passen.

PARTNER-JONGLIEREN

Bei dieser Übung läuft ein Spieler langsam mit dem Ball in der Hand rückwärts, der andere folgt ihm.

1 Nun wirft er dem anderen Spieler den Ball halbhoch zu. Im Joggen muss nun der Ball mit der Innenseite des Fußes oder mit dem Knie zurückgespielt werden. Und zwar so, dass der Partner ihn einfach fangen kann. Dieser wirft ihn dann sofort wieder zurück.

2 Auf dem Rückweg wechselt ihr die Rollen und der jeweils andere wirft bzw. passt den Ball.

Das Partner-Jonglieren ist auch in der deutschen Nationalmannschaft ein wichtiger Teil des Trainings: Hier übernimmt Serge Gnabry den Wurf-Part.

Thomas Müller mit David Raum im Zweikampf beim Training der deutschen Nationalmannschaft in Wolfsburg im November 2021.

EINS-GEGEN-EINS

Beim »Eins-gegen-eins« lässt sich das Zweikampfverhalten wunderbar trainieren. Und außerdem macht es sehr viel Spaß, denn hier geht es darum, Tore zu schießen.

1 Markiert ein kleines Spielfeld und baut euch Tore, die nicht breiter als anderthalb Meter sind. Dazu könnt ihr z. B. eure Taschen nutzen. Und jetzt spielt ihr einfach gegeneinander.

2 Wichtige Regel: Torschüsse dürfen nur von direkt vor dem Tor abgegeben werden. Dadurch gibt es kein wildes Schießen, sondern ihr müsst euch bis zum Tor durchdribbeln.

Der »No-Look-Pass«: ohne Hingucken in die andere Richtung passen.

Der Übersteiger: in die eine Richtung antäuschen und den Ball in die andere mitnehmen.

WIE DIE GROSSEN:
DIE TRICKS DER STARS

Manche Tricks gehören zum Standard jedes Fußballstars, die jeder regelmäßig nutzt. Aber es gibt auch Profis, die ihre eigenen Tricks kreiert haben. Sie sind häufig schwieriger, aber dafür gut geeignet, um den Gegner auszuspielen.

TUNNEL-TRICK

Mit diesem Trick kannst du den Verteidiger ins Leere laufen lassen, wenn du mit dem Ball am Fuß Richtung Tor sprintest und der Abwehrspieler direkt neben dir läuft und den Weg zum Tor versperrt.

1 Stopp den Ball aus vollem Lauf. Das gelingt am besten mit der Sohle des Fußes.

2 Der Verteidiger wird überrascht und vermutet einen Torschuss. Deshalb läuft er wahrscheinlich entweder noch einen Schritt weiter oder stellt seinen Fuß raus, um den vermeintlichen Torschuss zu blocken.

3 So entsteht eine Lücke zwischen seinen Füßen, durch die du den Ball nun schieben kannst. Mit diesem »Tunnel« bekommst du den Ball an ihm vorbei, läufst hinterher und hast freie Bahn.

Ob und wann du einen Trick während des Spiels anwendest, musst du klug entscheiden. Etwas Unerwartetes und Spektakuläres mit dem Ball zu machen, ist toll und hilft dabei, am Gegenspieler vorbeizukommen. Es ist allerdings auch risikoreich. Schließlich kannst du den Ball leicht verlieren, wenn der Trick misslingt. In der Abwehr vor dem eigenen Tor ist es meistens sinnvoll, auf Tricks zu verzichten und den Ball nach der Eroberung lieber durch einfache und sichere Pässe zu den Mitspielern nach vorn zu befördern. Im Angriff hingegen musst du dich häufiger im direkten Zweikampf durchsetzen. Da können gut ausgeführte Tricks helfen.

Mit guter Technik kannst du die Beine des Verteidigers als Tunnel nutzen – so wie hier Lionel Messi.

NO-LOOK-PASS

Verteidiger stellen sich darauf ein, einen bevorstehenden Pass zu blocken. Sie beobachten die Körperhaltung und den Blick des Angreifers, um zu erahnen, wohin er den Ball schießen wird.

> Als Angreifer hast du die Chance, den Abwehrspieler zu verwirren.

1 Du schaust zu einem Mitspieler und schießt den Ball zeitgleich mit einem *No-Look-Pass* (auf Deutsch: Pass ohne Hingucken) in die entgegengesetzte Richtung zu einem anderen Spieler.

2 Damit der Trick gelingt, musst du dir aber sehr sicher sein, dass dein Pass auch ohne hinzuschauen den richtigen Spieler erreicht.

ÜBERSTEIGER

Mit diesem Täuschungstrick verwirrst du den Abwehrspieler. Die Ausführung erfordert sehr gute Koordination und hohe Geschwindigkeit.

1 Du kannst den Trick während des Laufens oder im Stehen umsetzen. Zunächst führst du einen Fuß von innen nach außen über den Ball.

2 Der Verteidiger denkt, dass du den Ball in die Richtung schießen wirst, in die du deinen Fuß geführt hast. Deshalb verlagert er sein Gewicht in diese Richtung, um den Ball abzuwehren.

3 Du bist aber nur »über den Ball gestiegen« und berührst den Ball jetzt mit der Fußinnenseite. So führst du ihn genau in die andere Richtung, als es der Verteidiger vermutet.

RAINBOW FLICK

Sehr schwierig und kaum kopierbar: der »Hacken-Trick« von Jay-Jay Okocha.

> Der Nigerianer Jay-Jay Okocha kam an seinen Gegenspielern vorbei, indem er den Ball zwischen die Füße klemmte und über sie lupfte. Dieser spezielle Trick wird auch *Rainbow Flick* (auf Deutsch: Regenbogen-Trick) genannt.

Jay-Jay Okocha im Trikot von Eintracht Frankfurt. Bei seinem berühmtesten Trick hob er den Ball wie einen Regenbogen über seine Gegenspieler.

»ELASTICO«

Der Brasilianer Ronaldinho erfand eine ganz eigene Art des Übersteigers.

> Er schaufelte den Ball häufig an seinem Gegenspieler vorbei. Dazu schob er den Fuß unter den Ball, führte ihn blitzschnell nach rechts und dann wieder nach links. Der Verteidiger erwartete den Ball rechts, Ronaldinho aber lief mit ihm nach links.

MESSIS TANZ

Lionel Messi hat den Übersteiger auf seine Art perfektioniert.

> Er springt dabei nicht mit dem Fuß über den Ball und »löffelt« ihn auch nicht in die Luft. Er spielt ihn einfach mit sehr kleinen und schnellen Bewegungen vom einen auf den anderen Fuß, um so den Gegenspieler »auszutanzen«.

SCHNELLE FÜSSE:

TRAININGSSPIELE

Kleine Spiele machen Spaß und fördern eure Fähigkeiten am Ball. Dabei geht es häufig um Schnelligkeit und eine gute Ballbeherrschung. Bei Trainingsspielen gibt man sich außerdem noch mehr Mühe, weil niemand verlieren möchte.

Wenn ihr eure Mannschaft in zwei Teams unterteilt, um in solchen kleinen Trainingsspielen gegeneinander anzutreten, achtet darauf, dass beide ungefähr gleich stark besetzt sind. Die größten Dribbel-Künstler der Mannschaft sollten also nicht unbedingt alle gemeinsam in einem Team spielen. Denn nur wenn die Gruppen ausgeglichen sind, können sich alle Spieler verbessern. Außerdem macht ein enges Spiel mit knappem Ergebnis doch auch häufig mehr Spaß, als wenn ein Team es sehr einfach hat, Punkte zu erzielen, und das andere chancenlos ist.

Beim Fußball-Tennis geht es darum, den Ball im eigenen Team in der Luft zu halten und so geschickt über das Netz zu bringen, dass die Gegner ihn nicht leicht zurückspielen können.

VIER GEGEN ZWEI

Bei dieser Spielform werden das Passspiel und das Erobern des Balls trainiert. Steckt dazu ein kleines Spielfeld ab, z. B. mit Hütchen.

1 Es darf nur innerhalb des Felds gespielt werden. In der Mitte des kleinen Spielfelds stehen die Verteidiger. Bei insgesamt sechs Spielern sollten es zwei sein. Seid ihr mehr Teammitglieder, stehen entsprechend mehr in der Mitte. Alle anderen stehen außen an den Hütchen. Sie spielen sich nun den Ball zu.

2 Gelingt es einem Verteidiger, den Ball zu berühren, darf er die Mitte verlassen und der Spieler, der den Fehlpass gespielt hat, muss stattdessen in die Mitte.

3 Die Schwierigkeit lässt sich noch erhöhen, indem die Passspieler den Ball jeweils nur zweimal berühren dürfen oder ihn sogar direkt weiterpassen müssen.

FUSSBALL-TENNIS

Für diese Spielform braucht ihr ein kleines Spielfeld und ein Hindernis in der Mitte – im besten Fall ein flaches Netz wie auf einem Tennisplatz. Eine Bank z. B. könnt ihr aber auch nutzen.

1 Eine Mannschaft steht auf der einen Spielhälfte, die andere auf der anderen. Jetzt wird der Ball wie beim Tennis über das Hindernis in der Mitte gespielt. Die Spieler dürfen ihn mit allen Körperteilen berühren, die auch bei einem richtigen Spiel erlaubt sind.

2 Fällt der Ball im eigenen Spielfeld ein zweites Mal auf den Boden, bekommt die gegnerische Mannschaft einen Punkt. Jedes Team muss den Ball also gemeinsam in der Luft halten und dann so auf die andere Seite spielen, dass die Gegner ihn nicht erwischen können, bevor er zum zweiten Mal aufkommt.

SCHUH-HOCKEY

Beim Schuh-Hockey wird das Zusammenspiel gefördert. Und außerdem sorgt es für Abwechslung beim Fußballtraining.

1 Ihr benötigt ein kleines Spielfeld mit kleinen Toren. Gespielt wird auf Socken und mit einem Tennisball.

2 Jeder Spieler hält einen seiner Schuhe in der Hand. Nur damit darf der Ball gespielt werden. Und schon kann das Match beginnen, gespielt wird nach den normalen Fußballregeln.

Nationaltrainer Hansi Flick erklärt den Spielern im Training seine Taktikideen an einer Tafel. Manchmal kommen auch Spielfiguren zum Einsatz.

MIT TAKTIK:

SPIELZÜGE

Im Fußball kommt es auf das Zusammenspiel an. Wenn ihr im Team bestimmte Abläufe trainiert und euch den Ball immer auf dieselbe Art zuspielt, nennt man das Spielzüge. Sie helfen euch, an den Gegnern vorbei vors Tor zu kommen.

Häufig braucht es gar keine besonders komplizierten Abläufe, um den Ball vom eigenen Strafraum auf die andere Spielfeldhälfte zu befördern. Wichtig ist nur, dass alle Mitspieler wissen, was die anderen jeweils vorhaben, und dass das Zusammenspiel regelmäßig trainiert wird. Dann rollt der Ball fast von allein durch die eigenen Reihen und für den Gegner wird es schwer, ihn zu erwischen. Dass die gesamte Mannschaft an einem Spielzug beteiligt ist, ist relativ selten. Deshalb lassen sie sich aber gut trainieren. Teilt dazu das Team in Angreifer und Verteidiger ein und spielt nur auf ein Tor. Dabei ist das Ziel nicht unbedingt, Tore zu schießen, sondern vielmehr, die Abläufe zu trainieren.

Spielzüge werden im Training erst an der Taktiktafel aufgemalt und dann auf dem Platz geprobt. Hier kannst du gut sehen, wie die Spieler dabei auf unterschiedliche Räume und Situationen verteilt werden.

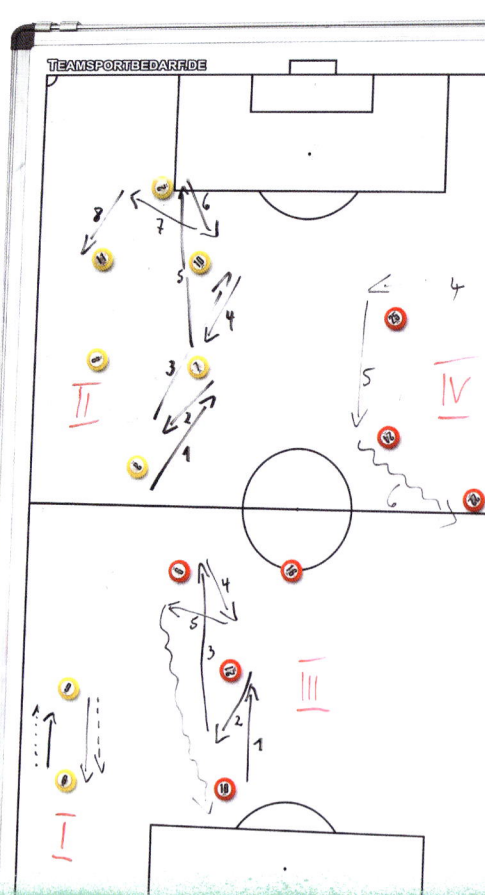

Um taktische Spielzüge und Standardsituationen wie z. B. Freistöße zu trainieren, werden im Profifußball häufig Spieler->>Dummys<< eingesetzt: >>Gegenspieler<<, die zwar nicht eingreifen können, aber dennoch ausgetrickst werden müssen.

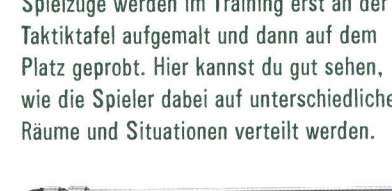

DOPPELPASS

Der Doppelpass ist eine der einfachsten Kombinationen im Fußball, und trotzdem führt er regelmäßig zum Erfolg, weil er schwer zu verteidigen ist.

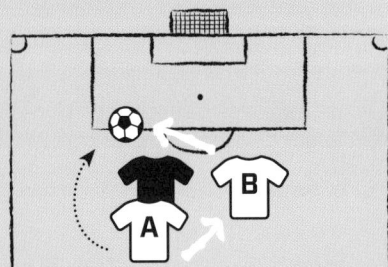

1 Wenn vor dem Angreifer (A), der den Ball hat, ein Verteidiger steht, ist der Weg zum Tor versperrt. Mit einem Doppelpass kann er ganz leicht am Abwehrspieler vorbeikommen. Dazu passt er den Ball einem Mitspieler (B) zu, der neben den Abwehrspieler gelaufen ist. Dann rennt der Angreifer am Verteidiger vorbei und bekommt den Ball zurückgepasst – der Ball wird also doppelt gepasst.

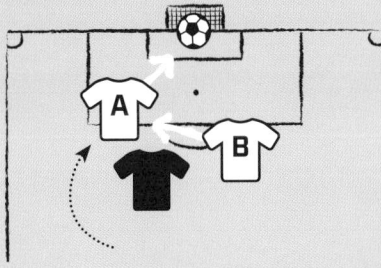

2 Der Ablauf ist sehr einfach und gelingt in den meisten Fällen, wenn er gut trainiert wurde. Wenn ihr mehrere Mitspieler miteinbezieht und so einen doppelten oder sogar dreifachen Doppelpass spielt, könnt ihr euch bis vor das Tor kombinieren.

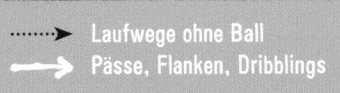

········▶ Laufwege ohne Ball
——▶ Pässe, Flanken, Dribblings

FLANKEN VORS TOR

Viele Mannschaften versuchen, die gegnerische Abwehr mit Flankenbällen zu überwinden.

> Dabei bringen die Spieler auf den Außenpositionen den Ball meist hoch in den Strafraum, wo sich die Stürmer positionieren, um den Ball ins Tor zu köpfen. Diese Abläufe lassen sich auch gut trainieren:

1 Die Angreifer starten gemeinsam 20 bis 30 Meter vor dem Tor und laufen gestaffelt darauf zu: also die Außenangreifer links und rechts über das Feld und die Mittelstürmer zentral in den Strafraum.

2 Dann wird der Ball von der Mitte aus auf eine Seite gepasst. Der Außenstürmer bekommt ihn, läuft ein paar Schritte parallel zur Seitenlinie und schlägt die Flanke dann in die Mitte. Dort versuchen die Stürmer, ein Tor zu erzielen. Können die verteidigenden Spieler den Ball erreichen, schießen sie ihn wieder 30 Meter vor das eigene Tor, die Angreifer laufen zurück und der Spielzug beginnt von Neuem.

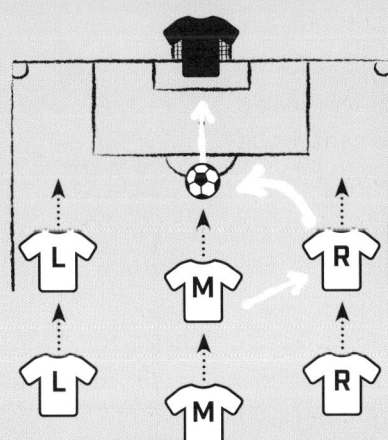

L = Linksaußen
R = Rechtsaußen
M = Mittelstürmer

DURCH DIE MITTE

Nicht nur mit Flanken, auch durch kurze Pässe und Dribblings kann man den Ball bis vor das Tor bringen.

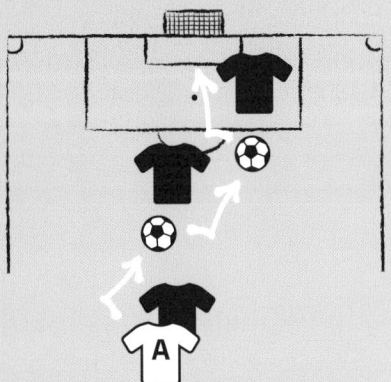

1 Dazu müssen sich die Stürmer viel bewegen und geschickt laufen. Bleiben sie nur auf einer Stelle stehen, ist es für die Verteidiger leicht, sie zu decken und den Ball abzufangen. Im Training könnt ihr versuchen, immer nur dieselben zwei Stürmer anzuspielen.

2 Erst wenn sie sich freigelaufen haben, wird der Ball nach vorn zu ihnen gespielt. Bis dahin nutzen die Mittelfeldspieler kurze und leichte Pässe, um den Ball zu behalten und den richtigen Moment des Zuspiels nach vorn abzuwarten.

Für einen Trainings-Parcours brauchst du gar keine spezielle Ausrüstung – du kannst auch Gegenstände wie z. B. Äste und Schnüre nutzen.

OHNE FUSSBALL:

ZUSATZTRAINING

Als Fußballer brauchst du nicht nur eine gute Schusstechnik oder feine Tricks. Es kommt auch auf andere Dinge an, die du ebenfalls trainieren solltest. Du benötigst Ausdauer, Kraft für die Zweikämpfe und schnelle Reflexe beim Verteidigen.

Auf das Kraft- und Ausdauertraining freuen sich die wenigsten Fußballer. Denn der einzige Ball, der dabei eingesetzt wird, ist in der Regel der Medizinball. Trotzdem sind diese Trainingsarten extrem wichtig. Denn selbst die besten Fähigkeiten am Ball helfen dir nicht, wenn du nach 20 Minuten im Spiel schon nicht mehr laufen kannst. Weil der Körper bei Kindern noch im Wachstum ist, musst du beim Ausdauer- und vor allem beim Krafttraining sehr vorsichtig sein.

Die Belastungen dürfen nicht zu hoch, die Strecken nicht zu weit und die Gewichte nicht zu schwer sein. Sonst schadet das Training eher deinem Körper, als dass es hilft. Mit den Übungen und Spielen auf der rechten Seite macht aber auch das Training ohne Ball Spaß.

Als Torwart braucht Manuel Neuer besonders viel Kraft in den Armen. Hier als junger Spieler beim Training in seinem damaligen Verein Schalke 04.

Rechts: Parcours laufen und über Hindernisse springen – so trainiert auch die deutsche Nationalmanschaft.

Unten: Bei den Profis kommen im Training häufig Medizinbälle zum Einsatz.

TAUSENDFÜSSER-LAUF

Immer vier Spieler treten gemeinsam bei einem Wettlauf an. Dabei bilden sie jeweils einen Tausendfüßer und müssen vom Startpunkt so schnell es geht hinter die Ziellinie kommen.

1 Drei der Spieler befinden sich hintereinander auf allen vieren und fassen jeweils die Hacken des Spielers vor ihnen an. Der vierte Spieler bildet den Kopf des Tausendfüßers und muss rückwärts krabbeln. Er macht also den umgekehrten Vierfüßlerstand, sein Blick ist auf den Rest seines Teams gerichtet. Die Hände des zweiten Spielers liegen auf dem Spann seiner Füße.

2 Auf ein Signal geht das Rennen los. In den nächsten Runden wechseln die Spieler ihre Positionen, sodass alle einmal vorn waren und somit rückwärts krabbeln mussten.

KOORDINATIONSLAUF

Auf dem Boden werden verschiedene Hindernisse platziert, über die ihr laufen müsst.

1 Die Gegenstände können ganz unterschiedlich sein, bei jedem bekommt ihr eine spezielle Aufgabe. Kleine Reifen oder Ringe können z. B. in einer Spur ausgelegt sein. In einen Reifen darf immer nur ein Fuß gesetzt werden, ihr springt also von einem Reifen zum anderen. Über Kästen muss mit beiden Beinen gesprungen werden, unter einer Bank müsst ihr durchkriechen und einen Ball, der am Rand liegt, durch einen Hütchen-Parcours dribbeln.

2 Am Ende des Aufbaus wartet ihr auf den nächsten Spieler. Mit ihm zusammen lauft ihr im Schubkarren-Modus zurück zum Anfang: Einer nimmt die Füße des anderen in die Hände und der Vordere muss auf den Händen zurück zum Start laufen.

Der Schubkarren-Lauf gehört auch bei den Profis zum Trainingsprogramm – wie hier bei den Spielern von Hertha BSC.

KEGELN

Auf dem Spielfeld werden Gegenstände kreisförmig verteilt. Das können z. B. Hütchen oder Kegel sein.

1 Jetzt stellt ihr euch im Kreis um diese Gegenstände herum und fasst euch an den Händen. Auf ein Signal geht das Spiel los und jeder Spieler versucht, die anderen zu den Kegeln zu ziehen.

2 Stolpert ein Spieler über ein Hindernis und wirft es um, bekommt er einen Minuspunkt. Das Spiel dauert so lange, bis alle Gegenstände umgeworfen wurden. Der Spieler mit den wenigsten Minuspunkten gewinnt die Runde.

NUR FÜR DICH:

DEIN TRAININGSPLAN

Jetzt liegt es an dir und deiner Lust aufs Trainieren! Stell dir selbst deine Lieblingsübungen zusammen, hol dir Tipps von anderen Fußballern und Trainern oder denk dir vielleicht sogar selbst Übungen aus.

Rechts findest du eine Vorlage für deinen Trainingsplan: Schneide ihn vorsichtig an der gestrichelten Linie ab. Auf der Rückseite gibt es den Plan noch einmal, aber mit etwas anderer Aufteilung. Am besten kopierst du das Original mehrfach, dann kannst du den Plan jede Woche ändern. Aber pass gut auf dich und deine Gesundheit auf! Du solltest nicht zu viel machen und deinem Körper auch mal eine Pause zur Erholung gönnen. Auch diese Tage kannst du in deinem Plan vermerken.

Hier kreuzt du an, ob du allein trainieren möchtest, zu zweit oder in der Gruppe, also z. B. mit Freunden oder mit deiner Mannschaft.

Darunter kreuzt du dein **Trainingsziel** an.

Und hier notierst du, welche Übungen du geplant hast.

Wo findet dein Training statt? Brauchst du Zusatzmaterial? Das kannst du hier eintragen.

Hier kannst du Datum und Uhrzeit eintragen.

MO

☐ ☐ ☐

☐ Ballgefühl   ☐ Schusstraining

☐ Zweikampf   ☐ Spielzüge

☐ Ausdauer   ☐ Kraft

ÜBUNGEN:

ORT, MATERIAL:

MEIN FUSSBALL-TRAININGSPLAN

WOCHE:

MO

☐ 🏃 ☐ 🏃 ☐ 🏃

☐ Ballgefühl ☐ Schusstraining
☐ Zweikampf ☐ Spielzüge
☐ Ausdauer ☐ Kraft

ÜBUNGEN:

ORT, MATERIAL:

DI

☐ 🏃 ☐ 🏃 ☐ 🏃

☐ Ballgefühl ☐ Schusstraining
☐ Zweikampf ☐ Spielzüge
☐ Ausdauer ☐ Kraft

ÜBUNGEN:

ORT, MATERIAL:

MI

☐ 🏃 ☐ 🏃 ☐ 🏃

☐ Ballgefühl ☐ Schusstraining
☐ Zweikampf ☐ Spielzüge
☐ Ausdauer ☐ Kraft

ÜBUNGEN:

ORT, MATERIAL:

DO

☐ 🏃 ☐ 🏃 ☐ 🏃

☐ Ballgefühl ☐ Schusstraining
☐ Zweikampf ☐ Spielzüge
☐ Ausdauer ☐ Kraft

ÜBUNGEN:

ORT, MATERIAL:

SA

☐ 🏃 ☐ 🏃 ☐ 🏃

☐ Ballgefühl ☐ Schusstraining
☐ Zweikampf ☐ Spielzüge
☐ Ausdauer ☐ Kraft

ÜBUNGEN:

ORT, MATERIAL:

SPIEL AM SAMSTAG

☐ Trainingsspiel
☐ Freundschaftsspiel
☐ Pokalspiel

GEGNER:

ORT, ANPFIFF:

SO

☐ 🏃 ☐ 🏃 ☐ 🏃

☐ Ballgefühl ☐ Schusstraining
☐ Zweikampf ☐ Spielzüge
☐ Ausdauer ☐ Kraft

ÜBUNGEN:

ORT, MATERIAL:

SPIEL AM SONNTAG

☐ Trainingsspiel
☐ Freundschaftsspiel
☐ Pokalspiel

GEGNER:

ORT, ANPFIFF:

FR

☐ 🏃 ☐ 🏃 ☐ 🏃

☐ Ballgefühl ☐ Schusstraining
☐ Zweikampf ☐ Spielzüge
☐ Ausdauer ☐ Kraft

ÜBUNGEN:

ORT, MATERIAL:

MO	DI	MI	DO	FR	SA	SO
☐ ☐	☐ ☐	☐ ☐	☐ ☐	☐ ☐	☐ ☐	☐ ☐
☐ Ballgefühl	☐ Ballgefühl	☐ Ballgefühl	☐ Ballgefühl	☐ Ballgefühl	☐ Ballgefühl	☐ Ballgefühl
☐ Schusstraining	☐ Schusstraining	☐ Schusstraining	☐ Schusstraining	☐ Schusstraining	☐ Schusstraining	☐ Schusstraining
☐ Zweikampf	☐ Zweikampf	☐ Zweikampf	☐ Zweikampf	☐ Zweikampf	☐ Zweikampf	☐ Zweikampf
☐ Spielzüge	☐ Spielzüge	☐ Spielzüge	☐ Spielzüge	☐ Spielzüge	☐ Spielzüge	☐ Spielzüge
☐ Ausdauer	☐ Ausdauer	☐ Ausdauer	☐ Ausdauer	☐ Ausdauer	☐ Ausdauer	☐ Ausdauer
☐ Kraft	☐ Kraft	☐ Kraft	☐ Kraft	☐ Kraft	☐ Kraft	☐ Kraft
ÜBUNGEN:	ÜBUNGEN:	ÜBUNGEN:	ÜBUNGEN:	ÜBUNGEN:	ÜBUNGEN:	ÜBUNGEN:
MATERIAL:	MATERIAL:	MATERIAL:	MATERIAL:	MATERIAL:	MATERIAL:	MATERIAL:
ORT:	ORT:	ORT:	ORT:	ORT:	ORT:	ORT:
PARTNER:	PARTNER:	PARTNER:	PARTNER:	PARTNER:	PARTNER:	PARTNER:

ZUM WEITERLESEN, SCHMÖKERN, KLICKEN ...

Noch mehr Lust auf Fußball? Hier findest du Bücher oder auch Websites mit vielen weiteren Informationen rund um deinen Lieblingssport.

Zahlen und Fakten für Spezialisten und Fußballhistoriker:

Franz Müller
FIFA FUSSBALL WELTMEISTERSCHAFT
Der komplette Almanach mit allen Spielen, Ergebnissen, Daten aller Weltmeisterschaften von 1930 bis heute

Tobias Seebuck
Unnützes Wissen aus der verrückten Welt des Fußballs
1000 skurrile Fakten, kuriose Sprüche, Skandale, Pannen u. v. m. aus der Bundesliga und darüber hinaus

Für die Spielbegeisterten unter euch, testet euer Wissen:

Stadt Land Schuss
Das Spielebuch mit 60 neuen Kategorien – Die Fußball-Variante von Stadt-Land-Fluss von Nicolai Napolski

Offizielle Internetauftritte, Sportmagazine, Blogs

de.fifa.com
Der offizielle Webauftritt der FIFA: Hier findest du alles über Weltranglisten, aktuelle Regeln, internationale Turniere sowie jede Menge Hintergrundinformationen.

de.uefa.com
Die offizielle Internetseite der UEFA: Hier findest du alles rund um den europäischen Fußball, die Verbände, die europaweiten Turniere sowie die Klubs und Spieler und Spielerinnen.

Fußball in Deutschland, Österreich und der Schweiz:

www.dfb.de
Der offizielle Webauftritt des Deutschen Fußball-Bunds: Hier findest du alles, was du wissen willst über die deutschen Clubs, die Spieler und Spielerinnen sowie die Nachwuchsförderung.

www.blinde-kuh.de/catalog/sport-fussball.html
Hier findest du jede Menge interessante Beiträge und Reportagen.

dfb.de/sportl-strukturen/talentfoerderung/start
Hier erfährst du, was der DFB für die Talent- und Nachwuchsförderung tut.

dfb.de/die-mannschaft/start
Alles rund um die Nationalmannschaft der Männer

oefb.at
Die Website des österreichischen Fußballbunds bietet viele Informationen rund um das Nationalteam, den Frauenfußball und vieles mehr.

bundesliga.at
Hier findest du alles zur österreichischen Bundesliga.

www.football.ch
Jede Menge Wissenswertes rund um die schweizerischen Ligen und die Schweizer Nationalmannschaft

Darüber hinaus haben die meisten Sportmagazine wie z. B. der *kicker* auch Homepages und Apps, wo du Spielergebnisse, Hintergrundberichte und Informationen zu Spielern und Spielerinnen abrufen kannst.

Eine Auswahl unabhängiger Blogs der Bundesligavereine:

hsv24.mopo.de
Der Blog zum Hamburger SV

torfabrik.de
Borussia-Mönchengladbach-Blog

deichstube.de
Hier geht's um Werder Bremen.

geissblog.koeln
Der Blog zum 1. FC Köln

fcbinside.de
Der FC-Bayern-München-Blog

Fußball im Museum? Gibt's nicht? Doch! Fahr mal hin:

fifamuseum.com
Das FIFA Museum in Zürich ist der Geschichte und Entwicklung des internationalen Fußballs gewidmet. Auf 3.000 Quadratmetern gibt es mehr als 1.000 Objekte zu bestaunen, z. B. die Originaltrikots von Diego Maradona (WM 1986) und Zinédine Zidane (WM 1998), die Schuhe von Rudi Völler und die original FIFA-WM-Pokale der Herren und der Damen.

fussballmuseum.de
Im Deutschen Fußballmuseum in Dortmund stehen fußballhistorische Ereignisse ebenso im Mittelpunkt wie soziale und gesellschaftliche Themen rund um den Fußballsport. Auf dem Vorplatz des Museums zeigt ein Walk of Fame Fußabdrücke berühmter deutscher Fußballer. Und Mario Götze stiftete seinen Schuh, mit dem er im WM-Finale gegen Argentinien das entscheidende Tor geschossen hat.

kicker Kids:
Dein Heimspiel!

Du kannst von SPORT nicht genug bekommen? Dann bist du bei KICKER KIDS genau richtig! Auf unseren Kanälen, im Print, im Web und in der App, findest du alles über deinen Lieblingsverein, deine Stars, Tipps und Tricks für dich und dein Team in Videoform sowie knifflige Rätsel. Außerdem versorgen wir dich mit Wissenswertem über unsere Buchreihe „Die Zauberkicker".

kicker.de/kids:
studieren und probieren –
die Zaubertricks der
Superstars im Video

Die Doppelseite
nur für Kids –
jeden ersten Montag
im Monat im kicker

kicker-App:
die neuesten
Fußball-News –
jederzeit aktuell

Quiz

Wie nennt man es, wenn der Schiedsrichter einem Spieler sowohl die Gelbe als auch die Rote Karte zeigt?

a Ampelkarte

b Regenbogenkarte

c Zauberkarte

ZUM LACHEN

Der Trainer vor einem wichtigen Fußballspiel zur Mannschaft: „Wir erwarten einen harten Gegner, der auf alles tritt, was sich bewegt." Er schaut ein paar Spieler an: „Da hat unser Mittelfeld ja nichts zu befürchten."

Alles rund um deinen Lieblingssport

Spielspaß für die ganze Familie

Mit fünf spannenden Kategorien und vielen Fun Facts zum Lieblingssport

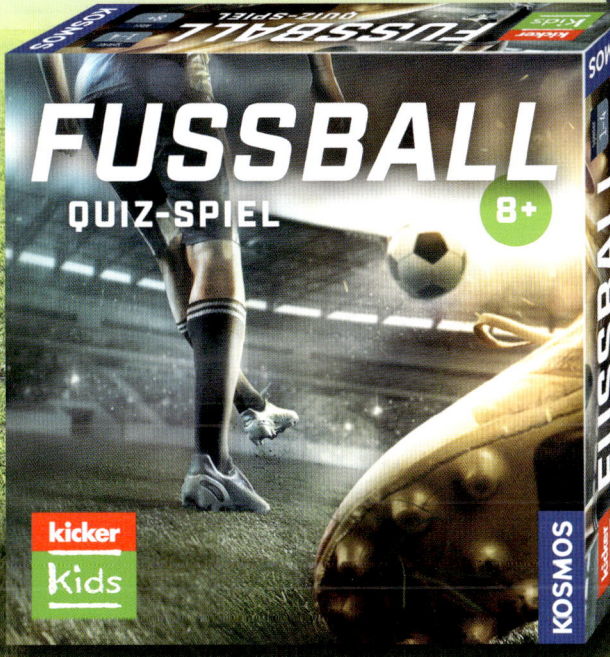

Perfekt für kleine und große Fußballfans ab 6 Jahren

IMPRESSUM & BILDNACHWEIS

Umschlaggestaltung von Andrea Köhrsen, Kiel, unter Verwendung folgender Bilder: Master1305/shutterstock (Covermotiv), Jonas Kozinowski (privat)

picture alliance: 24 u., Bernd Feil; 125 u.li., firo Sportphoto/Kai Griepenkerl; 95 o.re. (Boca Juniors Fans), Javier Garcia Martino; 7 u., Jens Niering; 131 AA | TURKISH PRESIDENCY / MURAT CETINMUHURDAR; 84 u.mi., Abaca Christian Liewig; 99 u.li., Abaca McMay 143609; 122 u.re., Achim Scheidemann; 39 o.re.Adidas; 39 mi.re., Adidas/Cameleon 95911; 102 o.re., Newscom | Kim Price; 102 o.li., ATP photo agency | Daniela Porcelli / SPP; 103 mi.re. (Aarones), AFP Tom Gallagher; 24 o. (Alaba), Albert Gea; 33 mi.mi. (Deschamps), 83 u.re., Alberto Lingria; 87 o.re. Alberto Molina / PRESSINPHOTO; 80 u.re., Alejandro Garcia; 29 o.re. (Ibrahimovic), Alessandro Garofalo; 78 u.li., Alexander Hassenstein – UEFA; 72 o.re., Alfred Harder; 8 u., 25 o.mi. (Davies), 57 u.re., 109 u.li., Andreas Gebert; 74 (Ritter Keule), Andreas Gora; 89 u.li., Anke Fleig / SVEN SIMON; 52 o.re., 74 (Hennes), 127 o.re., Anke Waelischmiller/SVEN SIMON; 12 u.re. (Kids Herta BSC Berlin), 23 mi.re. (Angerer), 73 u.re., 90 u.mi., Annegret Hilse; 136 o.li., 136 o.re., ASSOCIATED PRESS | Darko Bandic; 137 o.re., ASSOCIATED PRESS | JEROME DELAY; 23 o.re. (Courtois), ASSOCIATED PRESS | Manu Fernandez; 140 o.li., 140 o.re., ASSOCIATED PRESS | Thanassis Stavrakis; 43 mi.re., 150 u.li., augenklick/firo Sportphoto; 103 u.li. (Prinz), augenklick/KUNZ; 133 u.li., augenklick/Max Ellerbrake; 71 o.re., augenklick/rscp; 74, (Attila), augenklick/rscp - FRANK HEINEN; 25 mi.mi. (Süle), augenklick/Sebastian El-Saqqa; 100 o. re., Axel Heimken; 81 o.re., Bagu Blanco / PRESSINPHOTO; 85 u.li., 85 mi.re., Baratoux Loic/ABACA; 43 o.re.mi. (Wiesntrickot), Bernd Feil; 109 mi.re. (Beleuchtungssystem), Bernd Thissen; 59 u.mi., Carmen Jaspersen; 65 u.mi., Cathrin Müller; 33 o.mi. (Flick), 74, (Stolle), 89 u.re., 126 u.re, Christian Charisius; 133 o.re., 123 mi.re., Christoph Hardt/Geisler-Fotopress; 118 u.re., Christoph Schmidt; 129 o.re., 129 u.li., Christoph Soeder; 86 o.li., Cordon Press; 16 u.li. (Fanbanner HSV), Daniel Bockwoldt; 91 o.mi., Daniel Chesterton/CITYPRESS24; 38 o.re., Daniel Karmann; 87 u.re., Daniel Nilsson; 86 u.re., Daniela Porcelli; 34 u.re. (Thompson), David Crosling; 23 mi.mi. (Solo), David Dermer; 43 o.re., David Inderlied/Kirchner-Media/g | gumzmedia/nordphoto; 97 u.li., Deng Hua; 104 u.re., DIEGO PETRUSSI; 29 mi.li. (Neymar), Dokshin Vlad; 68 o.li., 68 o.re., 73 o.li., dpa; 35, u.li. (Zoff), dpa | Fussball WM 1982; 23 u.re. (Maier), dpa_Bajzat; 80 o.li., 80 o.mi., 80 o.re., DyD Fotografos/Geisler-Fotopress; 104 u.li., efe Lavandeira Jr.; 26 o., 72 u.re., Eibner Pressefoto / Heike Feiner; 143 u.li., Eibner Pressefoto/Michael Memmle; 75, (Berni), Eibner /Michael Weber; 118 o.re., 148 o.li., Eibner-Pressefoto; 70 u.mi., Eintracht Frankfurt Museum; 25 u.re. (Moore), Empics Don Morley; 35 o.li. (Maldini), 91 mi.li., Empics Tony Marshall; 135 u.re., Ennio Leanza; 137 re.mi., epa AFP Pascal George; 46 o., epa efe Marcos Delgado; 91 u.re., epa Laurent Gillieron; 99 o.li. (Eto'o), epa puma; 34 mi.re. (Körbel, alt), Eventpress MP; 137 u.li., Faisal Nasser; 122 o.li., Federico Gambarini; 41 o.re., 121, Hintergrund, firo Sportphoto; 148 u.re., firo Sportphoto / Volker Nagraszus; 75 , (Emma), firo Sportphoto/ Christopher Neundorf; 59 u.li.,59 o.re., firo Sportphoto/ Fabian Simons; 42 u.li., 108 u.mi., firo Sportphoto/ Jürgen Fromme; 66 u.re., firo Sportphoto/Christopher Neun; 91 o.re. (Otto Rehagel), firo Sportphoto/Intime; 117 o.re., firo Sportphoto/Marcel Engelbrecht; 32 u., firo Sportphoto/PSI; 31 mi. (Sven Mislintat), 75, (Jünter), 99 o.re. (Aubameyang), 124 u.li., firo Sportphoto/Ralf Ibing; 75, (Dino Hermann), 25, mi.re. (Lahm), 27 li.mi., firo/ Sebastian El-Saqqa; 94 o.re., Florian Kopp; 84 o.re., Focus Images; 11 u.re. (Choreo Eintracht Frankfurt), 29 u.mi.,(Prinz), 39 u.li., 42 u.mi., 59 o.mi., 71 mi.re., 103 u.re. (Kumagai), Foto Huebner; 70 o.re.,foto2press | Mirko Kappes; 73 o.re., foto2press/Oliver Baumgart; 67 u., Fotoagentur Camera4: 56 u.re., Fotostand / Ellerbrake; 144 u.re., Francisco Seco; 33 u.li. (Heynckes), 59 u.re., 85 o.li., 105 u.li., 117 u.re., Frank Hoermann/ SVEN SIMON; 104 o.re., 145 u.li., Frank Kleefeldt; 19 u., Frank Leonhardt; 109 u.mi., Frank Rumpenhorst; 135 u.mi., Gero Breloer; 69 mi.re., GES-Sportfoto; 33 mi.re. (Maurinho), 83 o.re., Giuseppe Maffia; 105 u.re., Global Picture Agency; 100 o.li., Gregor Fischer; 129 o.re. (Schaltpult), Guido Kirchner; 70 u.re., Günter Bratke; 130, Hakan Burak Altunoz; 119, u.re., 128, o.li, Hansjürgen Britsch; 34 u.li. (Pele), 77 u., 108 o.re., Hans-Jürgen Schmidt; 81 u.mi., Hassan Ammar; 64 o.li., Heinz Ducklau; 25 u.li. (Vogts), 29 u.re. (Müller), Heinz Wieseler; 52 u.re., 103 mi. (Formiga), Helge Prang; 25u.mi. (Beckenbauer), 61 u.re., Herbert Rudel; 43 u.re., HMB Media / Laurent Lairys; 62 o.li., 70 o.li., HMB Media/Claus; 16 u.mi. (Capo FC Köln), Hommes /Eibner-Pressefoto; 47 o.li., HPIC Su feng; 86 o.re., Ina Fassbender; 31 mi.re., 82 o.li., Isabella Bonotto; 82 o.re., Italy Photo Press; 132 o.li., Jan Kuppert/SVEN SIMON; 51 u.li., 79 u.re., Jan Woitas; 27 u.re. (Wiegmann), Jan-Peter Kasper; 69 u.li., Jens Wolf; 89 o.re., Jin Mamengnitonglian; 79 mi.li., Jonathan Moscrop; 51 mi., Jörg Carstensen; 81 o.li., Jose M. Baldomero; 62 mi.li., Josef Beck; 116 o.li., Julia Rahn; 62 u.re., Julien Becker; 126 o.li., Jürgen Fromme; 51 mi.re., Karlheinz Schindler; 27 mi.re.(Matthäus), Kenzo Koba/SVEN SIMON; 17 o.re. (Fanfreundschaft), Kirchner; 118 o.li., 118 u.li., Kohring / Eibner-Pressefoto; 15 o.re. (Blind-date-Schal), Kurth; 97 o.re., Kyodo; 81 u.li., La Liga; 27 o.mi. (Kimmich), 35 o.re. (Moukoko), 54 u.re., 77 Hintergrund, Laci Perenyi; 11 u.li. (leeres Stadion/Bayern München), Laci Perenyi | Lennart Preis; 123 u.li., Lena Klimkeit; 98 o.re., M.i.S.-Sportpressefoto; 141 o.re., 141 u.li., Marcelo del Pozo; 116 u.re., Marius Becker; 116 u.li., 127 u.mi., 143 o.re., 150 u.re., Markus Gilliar; 123 mi., Markus Scholz; 76 o., Martin Rickett; 66 o., Marvin Guengoer; 20 o., 71 u.mi., 126 o.re., Marvin Ibo Güngör; 48 u.li.; 48 u.re., Mary Evans Picture Library; 42 o.re., Matteo_Bazzi; 127 o.re. (Schweinsteiger), 148 u.mi., Matthias Balk; 67 o.re., Matthias Koch; 121 u., Maurice_Mcdonald; 47 u.re., Maurizio Degl' Innocenti; 94 o.li., Mauro Grigollo; 96 o.li., MAXPPP; 124 o., Michael Deines/PROMEDIAFOTO; 63 u.re., Michael Sohn; 91 o.re. (Tomáš Rosický), Michal Kamaryt; 29 u.li. (da Silva), Mike Egerton; 102 u.mi., 102 u.re., Mirko Kappes; 122 o.re. MiS, 30 u., Monkey Business 2; 36 u., 40 u.li., 123 o.re., 129 u.re., motivio; 105 mi.li., Natacha Pisarenko; 89 u.mi., Nick Potts; 26 u., Niels Boersema; 71 u.li., 73 u.mi., Norbert Rzepka; 55 mi.re., 108 o.li., 132 u.li., Norbert SCHMIDT; 75 (Hertinho), 151 u.li. (Schubkarren Herta BSC), nordphoto / Engler; 8 o., nph / Treese; 87 u.li., NurPhoto | MI News; 150 u.mi., Oliver Mehlis; 14 o., Oliver Zimmermann; 27 u.li. (Cruyff), 105 o.re. (Gary Lineker), PA; 104 u.li. (Ronaldo), Panasia Ohishi; 35 u.re. (Daei), Patrick Seeger; 23 mi.li. (Alisson), Paul Ellis; 40 u.re., PETER KLAUNZER; 79 o.re., Peter Powell; 106 o., Philipp Szyza / HOCH ZWEI; 14 u., PictureSmile; 88 o.li., Pressebildagentur ULMER; 10 u., Pressefoto Baumann | Alexander Keppler; 88 o.re., 88 u.mi., 99 u.mi., Pressefoto ULMER; 82 u.re., 83 mi.re., Pressefoto ULMER/Alberto Lingria; 41 u.re, Pressefoto ULMER/Bjoern Hake; 134 o.li., 134 o.re., 145 o.re., 145 u.re., Pressefoto ULMER/Markus Ulmer; 100 u.mi., Pressefoto ULMER/Michael Kienzle; 22 o. (ter Stegen), PRO SHOTS | PRESSINPHOTO; 55 u.li., Ralf Ibing; 10 o.re., 10 o.li., 28 o. (Haaland), 75 (Grotifant), 75 (Brian), Revierfoto; 74 (Erwin), Revierfoto/dpa; 92 o., Ricardo Moraes; 35 o.mi. (Marozsán), 140 u.re., Robert Michael; 58 u.mi., Roland Weihrauch; 90 mi.re., Roland Witschel; 139 u.re., Rolf Kosecki; 45 u.re., 58 u.li. (Stegemann), Rolf Vennenbernd; 91 u.mi., Romeo_Gacad; 27 mi.li. (Maradona), Ross Kinnaird; 132 o.re., Ryan Evans; 27 o.re. (Bruyne), Salvio Calabrese; 84 o.li., sampics; 112 u., SIPHIWE SIBEKO; 61 Hintergrund, 64 o.re., 64 u.mi. (Meisterschale), Stefan Matzke; 15 mi.re. (Blindenreporter), 33 o.li. (Löw), 69 o.re., Stefan Matzke / sampics; 31 u.li. (Trainingsplatz FC Bayern Campus), Stefanie Preuin; 31 o.re. (Bolzplatz Malmö), Steffen Trumpf; 99 mi. (Salah), StockPix | John Baguley; 83 o.li., STR; 101 u.li. Süddeutsche Zeitung Photo | Haas, Robert; 62 o.re., Sven Beyrich; 13 o. (Einlaufkinder Nationalmannschaft singend), 27 o.li. (Gnabry), 32 o. Sven Hoppe; 6 o., 12 u.li. (Kids 1. FC Köln), 13 o.re. (Einlaufkinder Nationalmannschaft), 15 u.li. (Kind im Rollstuhl), 18 o., 33 mi.li. (Neid), 37 u., 41 o.li., 60 o.re., 65 u.li., 68 u.re., 90 o.re., 95 u.mi., 107 u., 115 mi.re., SVEN SIMON; 72 o.li., 75 (Wölfi), Swen Pförtner; 22 u. (Neuer), Thomas Eisenhuth; 54 o.re., Thomas Thienel /Eibner-Pressefoto; 17 o.mi. (Fankutte), Tobias Hase; 97 u.mi., TYRONE SIU; 65 mi.re., Uli Deck; 45 Hintergrund, Ullstein Bild; 109 mi.re. (Rasensprinkler), 110 o.li., 125 o.re., 127 u.re., ULMER; 57 o.li., 116 o.re., ULMER Pressebildagentur; 69 o.li., ULMER/Bjoern Hake; 120 o., Ulrich Wagner; 33 u.re. (Herberger), United Archives / kpa / Grimm; 105 o.re. (Just Fontaine), United Archives/TopFoto; 75 (Fritzle), Uwe Anspach; 93 u., Werek; 33 u.mi. (Zagallo), Werner Baum; 34, o.re. (Körbel, jung), Werner Otto; 95 o.re. (River Plate), Xavier Bonilla; 98 o.li., Yang Lei; 78 o., Yui Mok

shutterstock: 113 mi.re., Aleksandr Medvedkov; 142 u.mi., Alexander Mak; 38 u.re., Alluvion Stock; 37 Hintergrund, anek.soowannaphoom; 38 o.li., Anton_Ivanov; 141 o.mi. (Tennisball), azure1; 107 Hintergrund, 112 o.li., Christian Bertrand; 46 o.re., Colin Dewar; 23 u.mi. (Čech), Cosmin Iftode; 9 o. cristiano barni; 128 u.li., Diego Thomazini; 113 mi., diegoguiop; 56 u.li., 109 o.re, Dziurek; 111 o.re. (Berlin), e2dan; 152 u.re., Eric Eric; 38 u.li., Evgeny Haritonov; 56 o.re., Feng Yu; 93 Hintergrund, 101 u.re., 160, fifg; 58 o.re., Filip Viranovski; 38 u.re.mi., 40 o.li., Formatoriginal; 30 o., Fotokostic; 141 o.mi. (Federball), fotoslaz; 125 mi., Fotosr52; 29 o.mi. (Messi), Francesc Juan; 152 o.li., 152 o.re., Gorynvd; 148 o.re., Jenny Sturm; 98 u.re. (Illustration Karte), Kashtanowww; 29 o.li. (Ronaldo), kivnl; 139 Hintergrund, 150 o.li., koonsiri boonnak; 119 o.re. (Foot darts Scheibe), 119 o.re. (Foot darts Bal), Manciko; 114 o.li., Marc Venema; 114 u.re., Marcel Paschertz; 146, matimix; 40 o.re., Matveev Aleksandr; 23 u.li. (Kahn), Maxisport; 28 u. (Lewandowski), MDI; 94 u.re. (Illustration Karte), mlopez; 96 u.re. (Illustration Karte), monaliza0024; 110 o.re., Mr Twister; 33 o.re. (Guardiola), Oleksandr Osipov; 115 o.li., oliverfoerschner; 114 o.re., Pfalzdrone; 25 o.li. (Hummels), 27 mi.mi. (Zidane), 29 mi.re. (Klose), ph.FAB; 112 o.re, PhotoLondonUK; 38 u.li.mi., Photoshot; 25, mi.li. (Dijk), Piotr Piatrouski; 19 Hintergrund, pixfly; 138 o.re., Pressmaster; 130 Hintergrund, rawf8; 96 u.re. (Illustration Karte), Remo_Designer; 27 u.mi., 103 mi.li. (Rapinoe), Romain Biard; 23 o.li. (Donnarumma), 25 o.re. (Chiellini), 29 mi.mi. (Mbappé), sbonsi; 36 o., Simona Bottone; 119 u.li., TACHEFOTO; 113 u. Tanasut Chindasuthi; 109 o.re. (Kunstrasen), Thijmen Piek; 111 o.li. (Dortmund), 111 o.mi. (München), 111 mi.mi. (Stuttgart), 111 mi.re. (Hamburg), 111 u.li. (Düsseldorf), 111 u.mi. (Mönchengladbach), 111 u.re. (Frankfurt), 114 u.li., 115 o.re., uslatar; 54 o.li., 111 mi.li. (Gelsenkirchen), Ververidis Vasilis; 83 u.li., Vitalii Vitleo; 57 u.li., Vlad1988; 141 o.mi. (Luftballon), vovan; 23 o.mi. (Buffon), YiAN Kourt; 150 o.re. (Pfeile/Vektorgrafik), Tartila; (Menschensilhouette, Kapitel 1), Aleksandr Sulga, (Fußballmannschaftsilhouette Kapitel 2), Stawek, (Europasilhouette Kapitel 6), Greens87, (Menschenmenge im Stadion-Silhouette Kapitel 7), Nosyrevy; (Arbeiter im Stadion Kapitel 7), Black Creator 24, (Reportersilhouette Kapitel 9), Nosyrevy, (Protestsilhouette Kapitel 10), Bedlovska Liana; 96 o.re., oday jamil moari (Cristiano Ronaldo)

Alamy: 44 o.re., 46 u.re., PA Images; **braunschweig.de**/politik/pressefotos/konrad_koch_braunschweig: 50 o.li., 50 o.re., 50 u.mi., 51 o.li.; **giovane-elber-stiftung.de:** 95 u.li. Richard Schrade; **istockphoto:** 6/7 Hintergrund, Dmytro Aksonov; 48 o.li., 48 o.re. ilbusca; **veltins-arena.de:** 9 u. (Stadionplan); **wikimedia commons:** 81 mi.re., 49 o.re., Empics

Mit Illustrationen von Betty van Bonn: 12 o. (Waschbär), 13, 31, 39, 49, 51, 55, 69, 95, 97, 99, 115, 123, 125 (Waschbär und Junge), Kindergruppe (Buchrückseite)

Unser gesamtes lieferbares Programm und viele weitere Informationen zu unseren Büchern, Spielen, Experimentierkästen, Aktivitäten, Autorinnen und Autoren findest du unter **kosmos.de**

MIX
Papier | Fördert gute Waldnutzung
FSC® C014138
FSC www.fsc.org

Gedruckt auf chlorfrei gebleichtem Papier

© 2024, Franckh-Kosmos Verlags-GmbH & Co. KG,
Pfizerstraße 5–7, 70184 Stuttgart
kosmos.de/servicecenter
Alle Rechte vorbehalten
Wir behalten uns auch die Nutzung von uns veröffentlichter Werke für Text und Data Mining im Sinne von § 44b UrhG ausdrücklich vor.
ISBN 978-3-440-17978-9
Redaktion: Teresa Baethmann
Gestaltung und Satz: Andrea Köhrsen
Produktion: Verena Schmynec
Druck und Bindung: Finidr, s.r.o., Český Těšín
Printed in the Czech Republic / Imprimé en République tchèque